Lutz Libert

Von Tabak, Dosen und Pfeifen

Lutz Libert

Von Tabak, Dosen und Pfeifen

Prisma Verlag
Gütersloh

© Edition Leipzig 1984

Alle Vertriebsrechte dieser Ausgabe für das Vertriebsgebiet
der Bundesrepublik Deutschland, Österreich
und der Schweiz liegen beim
Prisma Verlag GmbH, Gütersloh

Gestaltung Walter Schiller
Gesamtherstellung Druckerei Fortschritt Erfurt
Printed in the German Democratic Republic
ISBN 3-570-09355-7

Einführung

Antike Schriftsteller berichten uns von der kultischen und medizinischen Anwendung eingeatmeter narkotischer Pflanzendämpfe. Herodot (um 484–425 v.u.Z.) beschreibt das Einatmen des betäubenden Hanfrauches bei den Skythen. Plinius d.Ä., ein römischer Gelehrter, der 79 u.Z. beim Ausbruch des Vesuvs umkam, berichtet in seiner »Naturgeschichte« von der heilsamen Wirkung des Rauches glimmender Blüten und Blätter des Huflattichs *(Tussilago farfara)* bei hartnäckigem Husten. Plutarch (um 46–120 u.Z.) erwähnt den Gebrauch eines nicht näher bestimmten Grases bei den Germanen. Spitzen dieser Pflanze warfen sie ins Feuer, atmeten den aufsteigenden Rauch ein und fielen in einen betäubenden Schlaf.

Elfen-, Feen- und Keltenpfeifen sind volkstümliche Bezeichnungen für die zahlreichen Funde von Pfeifen aus Eisen, Bronze und Ton, die in ehemaligen römischen Militärlagern zutage kamen. Vermutlich war der Gebrauch bei den römischen Hilfstruppen verbreitet.

Allerdings stehen noch genauere wissenschaftliche Untersuchungen aus, doch in verschiedenen Fällen haben sich solche Rauchpfeifen bereits als Gegenstände aus der Neuzeit oder als Fälschungen erwiesen.

Erst mit der Erschließung Amerikas gelangte die Tabakpflanze nach Europa und erlangte die Bedeutung eines Genußmittels. Als Christoph Kolumbus 1492 die dem amerikanischen Doppelkontinent vorgelagerten westindischen Inseln erreichte, erblickten er und seine Gefährten als erste Europäer tabakrauchende Eingeborene. Las Casas, ein früher Chronist der Conquista, erwähnt, daß die Indianer gewisse Kräuter in einem trockenen Blatt zusammengewickelt mit sich führten, um das eine Ende anzuzünden und den Rauch am andern einzuschlürfen. Diese Wickel nannten sie »Tabacos«.

1502 bemerkte Juan Ponce de León bei der Erforschung Floridas Indianer, die den Tabak aus Tonpfeifen rauchten. Andere zeitgenössische Berichte schildern den Gebrauch von Schnupftabak und das Kauen eines Tabak-Kalk-Gemisches in Mittelamerika. Mythen und Legenden vieler indianischer Völkerschaften erzählen von der Ehrfurcht, die der Tabakpflanze und der Tabakpfeife zukamen. Neben der kultischen, zeremoniellen und heilpraktischen Anwendung war hier der Gebrauch des Tabaks als Genußmittel bereits üblich.

Anton Schneeberger, Leibarzt des polnischen Königs Stephan Batory (1576–1586) beschreibt 1579 die neue Sitte des Rauchens in Europa: »Fast alle Seeleute, welche aus Westindien zurückkommen, tragen im Munde kleine Trichter aus Palmblättern oder Stroh, in die sie zusammengerollte, trockene Tabakblätter stecken. Diese zünden sie an und atmen den Rauch ein, soviel sie können. Sie behaupten, dies sei gut gegen Hunger und Durst, gebe neue Kraft und mache den Menschen fröhlich. Sie versichern auch, daß der Rauch das Gehirn mit angenehmer Trunkenheit zur Ruhe bringe. Mit gar wohlriechenden Dämpfen erfüllt es die Gehirngänge.«

Apotheker und Ärzte beschäftigten sich als erste intensiv mit der Tabakpflanze und kultivierten sie in Europa. 1560 brachte der französische Gesandte Jean Nicot die ersten Pflanzen aus Portugal, wo sie als botanische Rarität im Hofgarten wuchsen, nach Frankreich. Von hier aus verbreitete sich die neue Pflanze mit einer Geschwindigkeit, die von keinem anderen überseeischen Produkt erreicht wurde. Um 1600 war »herba nicotina« – unter dieser wissenschaftlichen Bezeichnung bestimmte der Botaniker Delachamp den Tabak – in nahezu allen europäischen Ländern bekannt. 1565 erhielt Doktor Adolf Occo, Stadtphysikus in Augsburg, die Samen für erste Neuzüchtungen in Deutschland. In Ungarn begann 1568 der Anbau, Italien folgte 1579.

Neben der Bedeutung als Zierpflanze galt der Tabak zunehmend als medizinisches Wunderkraut. Tabaksaft wurde als Mittel gegen die Franzosenkrankheit verordnet, aufgelegte Tabakblätter sollten Wunden heilen, Geschwüre beseitigen oder nicht lokalisierte Kopfschmerzen lindern. Tabakklistiere wurden bei Verstopfungen angewendet. Noch 1812 verfügten britische Militärärzte in ihren Bestecken über Apparate zur Applikation von Tabakrauch bei vom Ertrinken Geretteten.

Erst nach der Isolation des Hauptalkaloids Nikotin 1828 durch Posselt und Reimann konnte wissenschaftlich die Schädlichkeit des Rauchens nachgewiesen werden.

Eine Übergangsform vom Heil- zum Genußmittel war der Schnupftabak, der anfänglich als Heilmittel gegen Kopf- und Augenschmerzen galt, binnen weniger Jahrzehnte jedoch die Stellung eines modischen Genußmittels einnahm, dessen Anwendung ein eigenes Zeremoniell herausbildete.

Zurückkehrende Siedler einer fehlgeschlagenen Niederlassung in Virginia brachten den Rauchtabak und nach indianischem Vorbild erzeugte Tonpfeifen mit nach England. Durch den späteren Admiral Sir Walter Raleigh (1554–1618) wurde die Tabakpfeife gesellschaftsfähig. Um 1600 entstand in England eine eigene Produktion von Tonpfeifen. Seeleute, Soldaten und Studenten verbreiteten die Rauchgewohnheit in ganz Europa. Vor allem durch die großen Heereszüge im Dreißigjährigen Krieg (1618–1648) wurde das Pfeifenrauchen in Mitteleuropa bekannt. Hans Jakob Ch. von Grimmelshausen klagt in seinem zeitgenössischen Roman »Simplicius Simplicissimus«, daß von zehn Personen neun den unterschiedlichsten Formen des Tabakgenusses frönten.

Über Spanien hielt eine andere Rauchform in Europa ihren Einzug: die Zigarre. Bei den mexikanischen Azteken wurden – ebenso wie bei den Bewohnern der westindischen Inseln – zusammengerollte Tabakblätter geraucht. Die Maya kannten bereits reichverzierte wertvolle Röhrenpfeifen, in die das zusammengerollte Tabakblatt kam.

DE TABAKS PLANT.

1 Die Tabakpflanze, umgeben von den aus ihre Blättern gewonnenen Erzeugnissen. Aus: Feinhals, J., Der Tabak in Kunst und Kultur, Köln 1926

Fast gleichalt wie die Pfeife und die Zigarre ist die von einer Papierhülle umgebene Zigarette. 1575 meldete ein spanischer Arzt aus Mexiko an den Hof in Madrid, daß die Eingeborenen Papier erzeugten und damit gerollten Tabak umgaben.

Das im Tabak gebundene Nikotin kann auf verschiedenen Wegen vom Körper aufgenommen werden. Tabakschnupfer, Pfeifen- und Zigarrenraucher resorbieren das Narkotikum über die Schleimhaut des Nasenrachenraumes, von hier gelangt es in den Blutkreislauf. Zigarettenraucher inhalieren den Hauptrauchstrom, der über die Lunge in die Blutbahn gelangt. Zigarren- und Pfeifentabake zählt man zu den basischen Tabaken, sie sind nahezu frei von löslichen Kohlenhydraten. Bei den sauren Zigarettentabaken ist ein hoher Zuckergehalt für die geschmackliche Qualität entscheidend. Nikotin ist hier an Säuren gebunden. Bei der Verbrennung entstehen saure Bestandteile, die vorhandene Basen neutralisieren. Ein Zigarettenraucher findet daher kaum Geschmack an anderen Formen des Tabakgenusses, und umgekehrt gilt das gleiche.

Das Inhalieren des Zigarettenrauches ist medizinisch überzeugend als entscheidender Faktor beim Entstehen vieler Krankheiten der Atmungsorgane und des Herzkreislaufsystems nachgewiesen worden. Die Gesundheitsorganisation der UNO und auch zahlreiche nationale medizinische Komitees haben energische Maßnahmen zur Einschränkung von Gesundheitsschäden durch das Rauchen eingeleitet. Grundsätzlich ist der Tabak ein Genußmittel, und wie bei jedem Genußmittel besteht die Gefahr des Mißbrauchs, unabhängig davon, ob man den Tabak raucht, schnupft oder kaut.

Vor allem Kriege und nachfolgende Notzeiten haben den Tabakkonsum sprunghaft ansteigen lassen. Soldaten erhielten Tabakwaren als Stimulans gegen Hunger und Müdigkeit mit ins Feld. Frauen griffen zur Zigarette, um für wenige Minuten die Mattigkeit zu vergessen. Die relativ unkomplizierte Handhabung, der Gebrauch nahezu überall und die schnelle Genußentfaltung förderten die Verbreitung.

Utensilien zum Tabakgebrauch – Tabakdosen, Tabatieren, Pfeifen, Zigarren- und Zigarettenspitzen – werden in diesem Buch vorgestellt. Modische Kunsteinflüsse haben die Gestaltung der Gerätschaften geprägt. Umgekehrt beeinflußte auch der Tabakgenuß die Kleidermode, bestimmte Gesellschaftsformen und schlug sich im Brauchtum vieler Völker nieder. Die Fülle der zu betrachtenden Details verlangt eine Beschränkung auf Europa. Die Betrachtung ist nicht nach Kunstepochen gegliedert. Vielmehr bestimmen die jeweiligen Gebrauchsgegenstände die Zäsuren. Nach einer Betrachtung der Schnupftabakdosen – der Tabatieren – folgen als umfangreichste Gruppe die Tabakpfeifen. Zigarre, Zigarette und Kautabak haben nur wenige eigenständige Gerätschaften zum Genuß bedingt, ihr Anteil ist entsprechend gering.

Bewußt wurde eine Einschränkung auf »alte« Objekte vermieden. Vielmehr soll gezeigt werden, wie bewährte Traditionslinien der Gestaltung gewahrt blieben oder eine zeitgemäße Fortsetzung erhielten.

Der materielle und künstlerisch-ästhetische Wert vieler Rauchergerätschaften hat frühzeitig zum Sammeln derartiger Objekte angeregt. Erste Sammlungen von Tabatieren und Tabakpfeifen entstanden in den Kunstsammlungen absolutistischer Herrscher. Begüterte Bürger und Tabakfirmen folgten mit dem Sammeln historischer Rauchergerätschaften. Für diese Kollektionen war nicht mehr die

8 Orientierung auf exklusive Wertobjekte entscheidend, vielmehr galt das Interesse dem Erhalt von historischem Kulturgut und der Freude an diesen reizvollen Werken der Gebrauchs- und Kleinkunst.

Den Sammlern und Freunden von Rauchergerätschaften soll dieses Buch ein Hilfsmittel sein.

Für den Bildteil wurden Vorlagen aus zahlreichen Museen und Sammlungen Europas genutzt. Den Schwerpunkt nehmen Gegenstände aus Zentraleuropa ein. Besonders bei den mehrteiligen Gesteckpfeifen wird sichtbar, daß hier Formen entstanden, die in anderen Ländern kaum Entsprechungen haben und dort keine vergleichbare Vielfalt erreichten. Neben den Leistungen befähigter Juweliere und Kunsthandwerker werden gleichrangig in Handwerksbetrieben erzeugte Serienmodelle und volkskünstlerische Arbeiten vorgestellt.

Allen Museen, Institutionen, Firmen und Sammlern, die durch Bereitstellen von Fotografien, die Möglichkeit der Einsichtnahme in Magazinbestände und durch Auskünfte das Zustandekommen dieses Buches ermöglicht haben, sei an dieser Stelle gedankt. Ein besonderer Dank gilt nachfolgenden Herren für ihre Anregungen und Hinweise: Wolfgang Itzigehl, Bantikow, János Kodolányi, Budapest, Erik Liisborg, Roskilde, Jürgen Warmbier, Berlin, Karl-Heinz Syring, Flensburg.

Tabatieren

Katharina von Medici, die Mutter des französischen Königs Franz II. (1559–1560), bewog die Leibärzte, ihren Sohn Tabakpulver gegen die häufigen Kopfschmerzen schnupfen zu lassen. Anscheinend zeigte die Kur den gewünschten Erfolg, denn Hofleute begannen ebenfalls zu schnupfen. Von dem die Mode bestimmenden französischen Hof gelangte die neue Gewohnheit zum Adel in anderen Residenzen, und nun schnupften auch Geistliche und wohlhabende Bürger.

Schließlich schnupften Laien und Geistliche sogar während des Gottesdienstes in den Kirchen, was das Domkapitel zu Sevilla zu einer Beschwerde veranlaßte. Ähnliche Klagen häuften sich im Vatikan, und Papst Urban VIII. (1623–1644) erließ am 30. Januar 1644 eine Bulle gegen die sich ausbreitende Unsitte: »Wir verbieten hiermit aus apostolischer Gewalt bei Strafe der Exkommunikation mit dem Befehl, wenn es nötig sein sollte, sogar den weltlichen Arm zu Hilfe zu rufen, allen und jeden, beiderlei Geschlechts, sowohl Weltlichen als Geistlichen, daß sie sich fernerhin nicht mehr unterstehen, in den Kirchen Tabak zu schnupfen, zu rauchen oder auf eine andere Art zu sich zu nehmen.«

Vermutlich die ungenügende Beachtung dieser Bulle verpflichtete Papst Innocenz XII. (1691–1700) zu deren Erneuerung und Verschärfung. Benedikt XIII. (1724–1730), selbst ein leidenschaftlicher Schnupfer, beschränkte das Verbot seiner Vorgänger auf die Dauer gottesdienstlicher Handlungen und bewies merkantile Fähigkeiten, indem er die Fabrikation und jeden Handel mit Tabak zu einem Monopol des Kirchenstaates erklärte.

In gleicher Weise erschloß sich die Republik Venedig mit dem Tabakmonopol eine wichtige Einnahmequelle. Innerhalb von fünf Jahren konnte der Stadtstaat aus dem Tabakhandel einen Gewinn von 46000 Golddukaten erzielen.

Zunächst waren die Schnupfer auf den gleichen Tabak angewiesen wie die Raucher. Tabakspinner wickelten aus den Blättern etwa daumenstarke Seile, die, wie eine Taurolle aufgestellt, in den Handel gelangten. Zum Genuß schnitt man ein handliches Ende ab, das auf einer Reibe zu Pulver zerkleinert wurde. Für die Form der Tabakreibe war die verbreitete Muskatreibe maßgeblich. Vor allem im 17.Jahrhundert rieb man Muskatnüsse an Suppen, Süßspeisen und Getränke. Beide Formen der Reiben gleichen sich weitgehend, und eine eindeutige Zuordnung ist häufig nicht möglich, sicher dienten viele Reiben beiden Zwecken.

In dem muschelförmigen Ende der Tabakreibe sammelte sich das Pulver, um von hier mit dem Finger oder auf dem Handrücken zur Nase geführt zu werden.

Allmählich kam gebrauchsfertiger Schnupftabak in den Handel. Die königlichen Mahl- und Stampfwerke zu Lissabon begannen mit der Produktion von gemahlenem aromatisiertem Schnupfpulver, das als »Spaniol« zu einem Synonym für Schnupftabak wurde. Vorrangig fanden schwere Tabaksorten aus Nordamerika, Brasilien, Ungarn und Polen Verwendung. Jede Manufaktur verfügte über eigene Herstellungsverfahren mit streng gehüteten Rezepturen für die Beizen.

Zwei Grundvarianten lassen sich unterscheiden: helle leichte Sorten und dunkle Mischungen. Bei den erstgenannten kam auf das gemahlene Tabakgut heiße Beize, die dunklen Mixturen erhielten Zusätze aus verschiede-

nen Drogen, etwa die Blüten vom Steinklee (*Melilotus officinalis*) sowie Salz und Pottasche. Die Mischung wurde gekocht, dann ließ man sie bei mittleren Temperaturen mehrere Wochen reifen, um sie anschließend erneut zu mahlen.

Viele Begriffe der Schnupftabakherstellung sind französischen Ursprungs und wurden mit der Technologie von anderen Ländern übernommen. Typisch für französische Manufakturen war die Anfertigung von »Karotten«, deren Namen von ihrem möhrenförmigen Aussehen (frz. carotte) kommt.

Tabakblätter wurden hierfür in eine Sauce getunkt und nach dem Abtropfen spiralförmig gewickelt. Am nächsten Tag folgte eine Neuwicklung der stattlichen Möhre in umgekehrter Richtung. An einer Schlinge befestigt, trocknete die Karotte mehrere Wochen, dann kam eine enge Verschnürung um die inzwischen verfestigte Masse. Weitere Monate reifte die Mischung. Nach dem Lösen des Wickels schloß sich das Zerstampfen und eine erneute Lagerung in Fässern an. Mit einer Essig-Alkohol-Lösung regelmäßig befeuchtet, erhielt der Karottentabak eine Reife, die der des Whiskys vergleichbar ist.

Bis 1756 erfolgte in Frankreich der Verkauf dieser Karotten. Dann übernahmen Mitglieder der »Corporation des Râpeurs jurés« (Vereinigung vereidigter Reiber) das Zerreiben in Heimarbeit.

Die Form der Karotte wurde in Frankreich zum Firmenzeichen aller Tabakhändler. Aus Holz oder Blech gefertigt, auf rotem Grund mit Tabaksymbolen bemalt, hing die Karotte bis zum Ausgang des 19.Jahrhunderts an den Verkaufsstellen.

Gegenüber dem eigenhändig geriebenen Schnupftabak war der gebrauchsfertige Râpé gleichmäßiger und kleinkörniger. Es wurden genußintensive Beimischungen für unterschiedliche Geschmacksrichtungen entwickelt.

Stark parfümierten Schnupftabak bevorzugte man im Barock. Puder, Parfüm und starkriechende Essenzen überdeckten die wenig angenehmen Gerüche dieser Zeit, in der Hygiene wenig galt. Für die Verbreitung solcher Schnupftabake spricht die unter dem Titel »Le parfumeur français« von Simon Barber veröffentlichte Anleitung zum Parfümieren des Tabaks. Zwischen 1693 und 1698 erschienen vier Auflagen dieser Schrift.

Ein wichtiger Vertreter derartiger Schnupftabake war der »Poggibonci« aus Italien. Für die Marke »Grand cardinal« mischte man 100 kg St. Omertabak mit 15 kg Kochsalz und 10 l Salmiakgeist. Mit der verfeinerten höfischen Kultur des Rokoko wechselten im zweiten Viertel des 18. Jahrhunderts die Aromastoffe des Schnupftabaks. Für die Sorte »Duchesse« wurde eine Sauce aus Kassie (*Cassia fistula*) und süßen Mandeln bereitet.

Bei Schnupferinnen erfreute sich die Spaniolmischung »Bonbon« großer Beliebtheit. Zu deren Herstellung wurden 100 kg Tabakmehl mit 6 kg Weinrahmstein (*Tartarus depuratus*), 12 kg Natron, 4 kg rotem Sandelholz, 280 g Benzoe, 280 g Storax, 70 g Tonkabohnen, 35 g Ambra, 35 g Vanille und 140 g Veilchenwurzel gemischt. Für die Sauce löste man je 35 g Cedra-, Lavendel- und Bergamottenöl in Spiritus, mengte 1 kg Sirup hinzu und verdünnte das Ganze mit 20 l warmer Tabakbrühe. Der hiermit durchgeknetete Schnupftabak kam in festes Packpapier. Sobald die im Tabak gelösten Salze das Papier rotbraun färbten, galt das Pulver als gebrauchsfertig.

Starkriechende Kräuter verbesserten mindere Tabake. Entlang des Rennsteigs im Thüringer Wald hieß die Arnikapflanze (*Arnica montana*) »Schnupftabakblume«, da die getrockneten und zerriebenen Blütenböden unter den Tabak gemischt wurden. Blüten der Maiglöckchen (*Convallaria majalis*) sind der wichtigste Bestandteil für den weißen, tabaklosen »Schneeberger Schnupftabak«, den bereits der Tabakgegner Goethe von Karl Ludwig von Knebel mit folgenden Worten angeboten bekam: »Das ist erfrischend. Die Inschrift des Schneeberger Fluß-, Haupt- und Hirnpulvers ist so vortrefflich als wahr; er schärft den Verstand und stärkt das Gedächtnis.«

Heute fertigt die Adler-Apotheke des Ortes »Schneeberger Schnupftabak« an und setzt damit eine alte Tradition fort. Über ein Jahrhundert war der gesamte Tabakhandel ein Privileg der Apotheker, erst um 1700 wurde der Verkauf von Tabakwaren auch Krämern zugestanden.

Auf den einstigen Handel in den Apotheken verweisen die als Werbemittel beliebten Tabaktöpfe. Delft und Paris waren die wichtigsten Herstellungsorte dieser polychrom glasierten Steinzeugtöpfe, deren Aufschriften bis auf wenige Ausnahmen den Inhalt als Schnupftabak bestimmen. In Form und Ausstattung gleichen Tabaktöpfe anderen Apothekengefäßen.

Für den ganz persönlichen Gebrauch der Schnupfer waren diese Töpfe, die mehrere Pfund Tabak faßten, nicht geeignet. Hierfür entwickelte sich eine praktische Dosenform mit fest schließendem Deckel, die Tabatiere. Frühe Schnupftabakdosen lassen sich kaum von zeitgenössischen Puderdosen unterscheiden. Als einziges Kennzeichen der in gleicher Weise dekorierten Tabakdosen kann deren geringe Länge unter 6,5 cm gelten. Erst zwischen 1730 und 1795 erreichten die Tabatieren eine Länge von 8 bis 10 cm.

1710 gab der Nürnberger Architekt Paul Decker sein »Groschen-Werk vor Goldschmidt,

Glasschneider und andere Künstler« heraus, in dem uns erstmals Entwürfe für Tabatieren begegnen. Decker stützte sich bei seinen Zeichnungen auf Ornamentmuster, die in den 80er Jahren des 17.Jahrhunderts der Franzose Jean Bérain geschaffen hatte.

Nach 1730 entstanden die ausgeprägten gebauchten, ovalen, rechteckigen, asymmetrischen und figural gestalteten Gefäße. Tabatieren galten als luxuriöse Modeartikel, mit ihnen wurde ein verschwenderischer Prunk getrieben.

Schmuckdosen waren seit dem Mittelalter ein beliebtes Minnegeschenk. Dem Wortstamm des im 14.Jahrhundert von den germanischen Sprachen übernommenen Begriffs »Dose« kam die Bedeutung einer »Gabe« zu.

In der Ständeordnung des Feudalabsolutismus wurde die Tabatiere ein begehrtes Ehrengeschenk, mit dem auch gesellschaftlich Niedrigstehende ausgezeichnet werden konnten, denen die Verleihung eines Ordens vorenthalten war.

Tabakschnupfen gehörte zur Etikette des Adels, und ein eigenes Ritual für die elegante Gestik des Schnupfens verband sich damit. Berühmt für die Grazie, mit der er eine Prise nahm, war der Herzog La Rochefoucauld (1613–1680), dessen kritische Aphorismensammlung »Maximen und Reflexionen« die Gedankenwelt der Hofgesellschaft schildert.

Ein französischer Druck aus der Zeit um 1730 nennt 14 Positionen bei dem richtigen Umgang mit der Tabatiere:

»1. Man fasse die Tabatiere in die linke Hand
2. Man nehme die Dose in die linke Hand
3. Man klopfe auf die Dose
4. Man öffne die Dose
5. Man biete die Dose der Gesellschaft an
6. Man ziehe die Dose an sich
7. Man lasse die Dose offen
8. Man sammle den Tabak, indem man an die Seite der Dose klopft
9. Man kneipe sich Tabak säuberlich mit der rechten Hand
10. Man halte den Tabak einige Zeit zwischen den Fingern, bevor man ihn zur Nase führe
11. Man führe den Tabak zur Nase

2 Packung des Schneeberger Schnupftabaks. Adler-Apotheke, Schneeberg. Erzgebirge, 1981.

12. Man schnupfe mit beiden Nasenlöchern und ohne Grimasse
13. Man niese, huste, spucke aus
14. Man schließe die Dose.«

Die Tabatieren der Pariser Bijoutiers, die für den Hof in Versailles Einzelstücke höchster handwerklicher Perfektion schufen, gehörten zu den begehrten Importen anderer Residenzen und wurden dort Vorbilder für eigene Entwicklungen. Es entstanden Dosen, deren Wert sich nach heutigen Maßstäben nur in Millionen messen läßt. 1764 lieferte der Pariser Juwelier Nadet eine Tabatiere im Wert von 1800 Livres; Fürst Doria erhielt 1782 eine Dose zum Geschenk, die der Goldschmied Solle mit 173 Brillanten und dem Bild Louis' XVI. geschmückt und für 29 090 Livres verkauft hatte.

Dieser Aufwand entsprach dem Prunkbedürfnis des Adels im Absolutismus und hatte seine Wurzel in den politischen Machtveränderungen. Luxus war eines der wenigen Privilegien, die der Adel zur Demonstration der Macht gegenüber dem nie völlig unterworfenen vermögenden Bürgertum besaß. An den Höfen der absolutistischen Herrscher entstanden Zentren des Kunsthandwerks, die den städtischen Zünften gegenüber im Vorteil waren. Die hier tätigen Kunsthandwerker hemmten keinerlei Zunftschranken mehr in ihrem Schaffen, und durch ihre enge Zusammenarbeit mit hervorragenden Architekten, Bildhauern, Malern, Dekorateuren und Technikern genossen die Hofjuweliere gegenüber den Zunftmeistern technische Vorteile.

Tabatieren wurden ein fester Bestandteil der Kleidung. Die den Herrenjacken aufgesetzten pattenförmigen Taschen sollen entstanden sein, damit die Stutzer hier jederzeit ihre Dose griffbereit einstecken konnten. Häufig führte man mehrere Schnupftabakdosen mit sich. Es gab leichte Dosen für den Sommer, größere für den Winter, große, die auf dem Kaminsims ihren Platz hatten, und winzige, die als Jagdtabatieren den Vorrat für einen Tag enthielten. Eine derartige Jagddose aus dem Besitz Augusts II. von Sachsen (des Starken, 1670–1733), die sich in den Kunstsammlungen des Grünen Gewölbes in Dresden befindet, ist mit 104 Brillanten besetzt.

Johann Melchior Dinglinger, der Hofjuwelier des sächsischen Königs, stellte für den Hofstaat Garnituren für komplette Garderoben zusammen, bei denen selbst die Knöpfe am Rock in Farbe und Material mit der zugehörigen Tabatiere übereinstimmten. Graf Brühl, der als besonders verschwenderisch geltende Premierminister Augusts II., besaß über 800 Tabatieren, davon 300 passend zur gleichen Zahl von Kleidern.

Die in den Pariser Werkstätten gestalteten Tabatieren wurden in anderen Zentren der Goldschmiedekunst so getreu nachgeahmt, daß es heute oft schwerfällt, die Provenienz einzelner Stücke zu bestimmen. Selbst die zeitliche Einordnung ist kompliziert, da etwa Tabatieren im Stil des Louis quinze in gleich vollendeter Qualität auch in der Zeit der Restauration oder gar während des zweiten Kaiserreiches, also über hundert Jahre später, entstanden. Obwohl diese Stücke das Niveau ihrer Vorbilder erreichen, bleiben sie Reproduktionen, und viele Sammler lehnen die im Kunsthandel als »aus zweiter Zeit« angebotenen Dosen ab.

Außer Form und verwendeten Materialien lassen Marken die Herkunft wertvoller Juwelierarbeiten erkennen. Neben den Meistermarken gibt es Stadt-, Steuer- und Zollmarken sowie seit dem Ende des 18. Jahrhunderts Angaben über den Feingehalt der verarbeiteten Edelmetalle. Französische Juwelierarbeiten tragen in der Regel vier Marken, aus denen sich das genaue Herstellungsjahr ermitteln läßt. Bis 1739 kennzeichnete eine Kuh als Markenzeichen für den Export aus Frankreich freigegebene Stücke. In Rußland wurde um 1700 der Doppeladler als staatlicher Kontrollvermerk üblich. Dem Sammler wertvoller Tabatieren stehen zum Bestimmen der Marken umfangreiche Nachschlagewerke zur Verfügung.

Nahe verwandt mit den Edelmetalldosen sind die von Steinschneidern oder ebenfalls von Juwelieren gefertigten Tabatieren aus Halbedelsteinen und Bernstein, die vor allem in deutschen Residenzstädten entstanden.

In Anlehnung an Florentiner Steinmosaiken stellten der Pariser Juwelier Adrien Vachette und der Dresdner Christian Neuber Dosen mit Reliefmosaiken aus geschnittenen Halbedelsteinen her. Nach der Art der Befestigung der einzelnen Steine werden die Techniken als incrusté und à la mosaïque unterschieden. Im Dekor gleichen sich die Dosen aus den verschiedenen Zentren; Blumen, Früchte, Ranken gruppieren sich unsymmetrisch auf den Flächen.

Eine hochentwickelte Kreativität dieses Kunstzweiges zeigen Arbeiten von Berliner Kunsthandwerkern aus der Regierungszeit Friedrichs II. (1740–1786). Der als äußerst sparsam geltende König pflegte als einziger Luxus das Sammeln von Tabatieren. Nur selten tauchen in den erhaltenen Schatullenrechnungen Dosen aus Paris auf. 1740 erließ der König sogar ein Einfuhrverbot für Luxusgüter, wovon auch Tabatieren betroffen wurden. Diese merkantile Maßnahme führte zu einem merklichen Aufschwung im Berliner Kunsthandwerk.

Unter den hier tätigen Kunsthandwerkern waren viele Hugenotten, die aus Glaubens-gründen Frankreich verlassen mußten. Im Jahr 1700 wirkten in der Mark Brandenburg 62 Goldarbeiter, Juweliere und Steinschneider französischer Herkunft. Gemäß ihrer religiösen Haltung bevorzugten sie klare, sparsame Formen in ihren Schöpfungen.

Zahlreiche Entwürfe friderizianischer Tabatieren stammen von Jean Guillaume Krüger, den Friedrich II. noch als Kronprinz nach Berlin kommen ließ. Mit der Ausführung wurde der Hofjuwelier Daniel Baudeson, auch ein Hugenotte, beauftragt. Ebenfalls in Berlin wirkte der vielseitige Daniel Chodowiecki (1726–1801), der nicht nur Entwürfe für Tabatieren erstellte, sondern auch die Ausführung übernahm.

Der begabte König entwarf selbst Tabatieren, die er aus dem in Schlesien gewonnenen Halbedelstein Chrysopras fertigen ließ. Durch die geschickte Verwendung metallener Folien bei durchscheinenden Steinarten und durch Kontraste zwischen Fond und Relief erreichten die Berliner Arbeiten eine einmalige Brillanz. Zarte, verschwimmende Tönungen kennzeichnen eine weitere Art friderizianischer Tabatieren, bei denen perlmuttfarbene Muschelscheiben an die Stelle der Halbedelsteine traten.

Friedrich II. verschenkte zahlreiche Tabatieren. In seinem Nachlaß sind 120 goldene, mit Brillanten besetzte Dosen im Wert von 1,5 Millionen Talern aufgeführt, von denen lediglich ein geringer Teil erhalten blieb. Vor wenigen Jahren fielen Tabatieren aus dem einstigen Besitz des Königs einem Raub in der Hohenzollernburg Hechingen in Württemberg zum Opfer. Die Täter lösten wertvolle Edelsteine aus den Fassungen und verkauften sie getrennt vom Edelmetall. Sechs Dosen gelangten den Einbrechern nicht in die Hände. Prinz Louis Ferdinand von Hohenzollern übergab sie der Sammlung im Schloß Charlottenburg in Berlin (West).

Häufig trug der König seinen Schnupftabak lose in einer Rocktasche. Sicher nur eine Legende ist die Meinung, die Taschen seien deshalb mit Zinnfolie ausgeschlagen gewesen, damit der Tabak frisch bleibe. Erhaltene Kleidungsstücke Friedrichs II. im Museum für Deutsche Geschichte in Berlin zeigen keine derartigen Spuren.

Die gleiche Aufbewahrungsart von Schnupftabak wird auch Napoleon Bonaparte zugeschrieben. Der französische Kaiser ließ wertvolle Tabatieren für den persönlichen Gebrauch mit den Bildnissen seiner Vorbilder schmücken. Eine Schildpattdose trug die Medaillenporträts römischer Herrscher, eine andere die Bilder Alexanders des Großen, Karls XII., Peters I. und des Kaisers Augustus. Die Locke seiner ersten Gattin Josephine war in den Deckel einer weiteren Dose eingearbeitet. Auch Marie Louise, die zweite Gemahlin, wurde auf einem Deckel verewigt.

Mit neuen Materialien und der Anwendung verbesserter Technologien im Kunsthandwerk gelangten zunehmend neue Stoffe für die Herstellung von Schnupftabakdosen in Anwendung, wobei dem europäischen Porzellan eine besondere Stellung zukommt. Nach 1730 treten Porzellandosen auf, die in ihrer Verbindung mit Goldmontierungen und Miniaturmalereien von besonderem Reiz sind. Führend in der Herstellung dieser Dosen war die Manufaktur Meißen. 1770 verkaufte man hier mit Früchten bemalte Tabatieren für 5 Taler, andere mit beidseitig bemalten Flächen für 6 bis 11 Taler, mit Figuren und Landschaften geschmückte für 21 bis 38 Taler und weitere mit »Ovidischen Figuren und Landschaften en miniature« für 34 bis 88 Taler. 1777 pries die Berliner Königliche Porzellanmanufaktur (KPM) ihre Erzeugnisse »um 2 Groschen billiger pro Taler« an als gleichartige Stücke aus Meißen.

Friedrich II. ließ beträchtliche Serien von Tabatieren in der KPM herstellen, die ausschließlich als Anerkennung für verdiente Offiziere dienten. Nach der Schlacht bei Roßbach 1757 erhielten alle teilnehmenden Offiziere solche Siegesgaben oder ähnliche Stücke in weißem Email auf Tombak. Im Besitz des Generals von Puttkamer befand sich eine Emaildose, deren Deckel den König inmitten der die Schlacht entscheidenden Artillerie zeigte. Im Deckelinneren befand sich eine weitere Schlachtszene und auf dem Boden war die Karte des Schlachtortes abgebildet. Die Seitenflächen tragen Verse, die hier in der originalen Schreibweise wiedergegeben sind:

»Die Tugend kann bei Sturm und Blitzen
Auf ihrem Felsen ruhig sitzen;
Die Vorsicht selbst steht Ihn zur Seiten
und deckt Ihn Vorgefährlichkeiten.

Denen soll die Sonne scheinen,
die es redlich mit uns meinen;
Denen sei der Mond bedeckt,
Dem ein Schalck im Herzen steckt.

Wer erst nach Müh' und Schweis
Im Ehren Tempel steigt,
Und wen kein saurer Schritt
Zu Furcht und Zweifel neigt,
Von dem macht künftig Famen's Mund
Den aller reinsten Lobspruch kund.«

Eine andere Porzellandose enthielt im Deckel eine Miniatur Friedrichs II. nach einem Bild des Hofmalers Antoine Pesne. Auf dem Deckel kämpft ein gerüsteter Krieger gegen Löwe, Leopard, Schlange und Greif. Auf den Krieg

Preußens gegen mehrere Staaten gleichzeitig nimmt die Überschrift Bezug:

>»Greift, wo ihr woldt, mich an,
So ist's um euch, so viel ihr seid, gethan!«

Anhand von Emailtabatieren der Berliner Werkstatt von Grimaud Fromery, Pappmachédosen von Johann Heinrich Stobwasser und den Rauchtabakdosen aus Iserlohn – die häufig fälschlicherweise den Tabatieren zugeordnet werden – lassen sich die Schlesischen Kriege in ihrem Verlauf fast vollständig belegen. Theodor Fontane beschreibt in seinem Roman »Vor dem Sturm« einen Sammler dieser martialischen Tabatieren: »Der Kammerherr von Medewitz auf Alt-Medewitz war ein eifriger Sammler von Dosen. In bezug auf die friderizianische Zeit war seine Sammlung so gut wie komplett. Von der Mollwitzdose an, auf der der junge König am Gattertor von Ohlau mit Flintenschüssen empfangen wurde, bis zur Hubertusburgdose, auf der ein Kurier mit einem wehenden Tuche und dem Worte ›Friede‹ darauf, durch die Welt flog, hatte er sie alle, einzelne sogar doppelt.«

Ebenfalls eine große Gruppe stellen die Tabatieren mit amourösen Miniaturen dar, die nicht nur im galanten Zeitalter des Rokoko geschätzt wurden. Unzählige zweitklassige Künstler erwarben mit derartigen Malereien ihren Lebensunterhalt. Nur wenige Namen sind durch Signaturen belegt. Andere wurden in Verordnungen aufgeführt, wie die Wiener Maler J. Schreiber, N. Abblati, K. Greineisen, A. Baldorf, gegen die »aus moralischen Bedenken« die Polizeibehörde ein Verkaufsverbot ihrer Dosen erließ. Karl Gustav Klingstedt, 1657 in Riga geboren, 1734 in Paris verstorben, ragt unter den Künstlern der erotischen Miniaturen hervor. Er galt als der »Raffael der Dosen«, seine zahlreichen Bilder kopierte

man immer wieder auf Tabatieren. Ein Schiebedeckel mit einem unverfänglichen Motiv überdeckte das anstößige Bild. Derartig harmlose Schiebedeckel konnten auch gefährliche politische Miniaturen verbergen. Französische Royalisten und englische Jakobiten schützten in diesen Verstecken die Porträts ihrer Idole.

Originelle Tabatieren wurden in russischen Porzellanmanufakturen gestaltet. In den 60er Jahren des 18. Jahrhunderts löste man sich von französischen Vorbildern und entnahm der heimischen Natur neue Formen. Naturalistische Dosen in Gestalt von Äpfeln, Weintrauben, Muscheln fertigte die Manufaktur von Weliki Ustjug. Als eigenständigste Art russischer Tabatieren gelten die in Petersburg nach 1750 erzeugten Kuvertdosen, die in der russischen Literatur auch Paketdosen genannt werden. Auf dem Deckel dieser flachen, rechteckigen Stücke steht eine Widmung oder der Name des Besitzers, innen der des Schenkenden. Künstler wie Lew Temski brachten es zu großer Meisterschaft darin, den jeweiligen Schriftzug vollendet nachzuahmen. Als bester Graveur galt Michail Machajew; die teuersten, wertvollsten Dosen verzierte der Miniaturenmaler Andrej Tschorny, ein Leibeigener, während sich Pimen Tupizyn auf Landschaften und Fjodor Alexejew auf Genrebildnisse spezialisierte.

Im Vergleich zu den Tabatieren aus den Werkstätten der Juweliere waren Porzellandosen Manufakturerzeugnisse, die es in – wenn auch relativ kleinen – Serien gab und im Preis selbst für das mittlere Bürgertum erschwinglich blieben. In enger Beziehung zu den Porzellandosen stehen Emailtabatieren. Die starke Weißgrundigkeit der Emailarbeiten läßt annehmen, daß sie Imitationen von Porzellan sind. In Deutschland galten nach

1770 Emaildosen bereits als altmodisch, während sie sich in England, wo Porzellan noch knapp war, länger behaupteten.

Um 1740 entwickelte die Pariser Familie Martin Tabatieren aus Pappmaché. Ausgangsmaterial war zerkleinertes, aufgeweichtes Papier, das mit härtenden und bindenden Stoffen wie Gips, Kreide, Gummi versetzt und geformt wurde. Nach dem Erhärten folgte ein Lack- oder Firnisüberzug. Manufakturen in Frankreich, Deutschland, England, Belgien erzeugten die bei Tabakschnupfern beliebten Dosen in nahezu identischer Form. Der Aufbau war einheitlich zylindrisch mit niedriger Wandung und leicht gewölbtem Deckel. Zur Innenausfütterung benutzte man neben dem üblichen Klarlack zur Hebung des Tabakaromas dünne getrocknete Zitronenschalen. Kombiniert mit eingelassenen Elfenbeinmedaillons, Miniaturen oder mit Goldstaub gefüllten Ritzornamenten galten Pappmachédosen als gesellschaftsfähig.

Die bekannteste Manufaktur für Pappmachédosen gehörte dem Braunschweiger Georg Siegmund Stobwasser, der 1763 die Erlaubnis zur Errichtung einer Lackwarenmanufaktur erhielt. Nach anfänglichen Schwierigkeiten entwickelte sich der Betrieb unter der Leitung des Sohnes Johann Heinrich zu einem florierenden Unternehmen. Innerhalb von zwei Jahrzehnten, bis 1796, stieg die Zahl der Mitarbeiter von 29 auf 80. Ende 1772 entstand ein Zweigbetrieb in Berlin, der den Hauptteil der Produktion übernahm, die sogar Pfeifenköpfe und Möbel umfaßte. Der große Erfolg der Stobwasserarbeiten läßt sich auf die gediegene künstlerische Ausführung zurückführen. Bekannte Maler wurden unter Vertrag genommen, und für Neuentwicklungen bestand eine umfangreiche Bildersammlung. Begabte Arbeiter erhielten in der firmeneigenen Schule eine Qualifizierung zum Lackmaler. In ihrer künstlerischen Qualität blieben Stobwasserdosen unerreicht. 1832 ging die Manufaktur in den Besitz von Meyer & Wried über, die jedoch den werbewirksamen Firmennamen Stobwasser bis zur Auflösung des Betriebes 1852 beibehielten.

Zu den erwähnenswerten Konkurrenzunternehmen gehörten die Familienunternehmen von Ehlers in Wolfenbüttel, Stockmann in Braunschweig und Herold in Berlin. Typisch für Herolddosen sind aufgeklebte lackierte Kupferstiche.

Ein weiteres Zentrum der europäischen Lackwarenindustrie entstand ausgangs des 18. Jahrhunderts im belgischen Badeort Spa. Kunsthandwerker fertigten die Lackarbeiten als Andenken für die Kurgäste an. Beliebt waren bei den Kunden Tabatieren mit Hafen- und Landschaftsszenen in farbiger Ölmalerei, die nur durch die realistische Wiedergabe der Umgebung von Spa ihre Herkunft offenbaren.

1715 erfand der Franzose de la Chaumette Dosen aus Leder. Thomas Clark aus Edinburgh vervollkommnete gemeinsam mit seinem Sohn diese Tabatieren durch geprägte Ornamente und ein metallenes Innenfutter. Ledertabatieren nahm man gern als Jagd- und Reisedosen, da der Tabak feucht und frisch blieb. Aus Stettin (Szczecin) kamen Lederdosen mit der Deckelinschrift »York«; ein weiteres wichtiges Herstellungszentrum bestand in Bologna.

Die Vorliebe des Barock und Rokoko für die Mechanik führte zu technischen Raffinessen an Schnupftabakdosen. Eine harmlose Spielerei bildete eine hölzerne, mit Silber beschlagene Tabatiere, die im Inventar der preußischen Kunstkammer 1686 erstmals genannt wird. Bei Federdruck kam eine künstliche Maus aus der Dose.

TABATIEREN

*3 Tabatiere. Pappmaché mit Lack- und Blattgold-
einlagen, im Deckel eine Elfenbeinminiatur.
Der rechte Arm der Figur ist mit der Deckscheibe drehbar
und öffnet die Dose.
Frankreich, um 1760, D 8,1 cm. Köln, Herbig-Haarhaus
Lackmuseum*

4 Tabatiere mit dem Monogramm des
schwedischen Königs Karl XII. (1697–1718).
Silber, Schweden ?, L 8 cm.
Stralsund, Kulturhistorisches Museum

5 *Tabatiere in Gestalt eines Abbé.*
Buchsbaum, Deckel mit Scharnier im Rücken,
Hugenottenarbeit, 18.Jh.,
H 11 cm. Schwedt (Oder), Stadtmuseum

Folgende Seiten:

7 *Tabatiere. Emailliert, mit Spielkartenmotiv*
und eingelegtem Edelstein, 18.Jh.,
L 7 cm, B 4,5 cm, H 1,8 cm. Berlin, Märkisches Museum

8 *Doppeldose mit zwei Fächern für*
verschiedene Schnupftabaksorten. Kupfer, 18.Jh.,
L 7,5 cm, B 5,5 cm, H 3,8 cm. Berlin, Märkisches Museum

9 *Tabatiere Friedrichs II. von Preußen.*
Vermutlich Berliner Juwelierarbeit, Mitte 18.Jh., L 9 cm,
B 6,8 cm, H 4,5 cm. Berlin (West),
Staatliche Schlösser und Gärten, Schloß Charlottenburg

10 *Tabatiere. Auf dem Deckel das von Trophäen*
umgebene Monogramm Friedrichs II. Email auf Kupfer,
Deutschland, Mitte 18.Jh., L 8,5 cm, B 6,5 cm, H 3,8 cm.
Berlin, Märkisches Museum

6 *Schnupftabakreibe mit Schiebedeckel.*
Holz mit flacher Reliefschnitzerei, Deutschland
oder Niederlande, 1734,
L 17 cm, B 6,6 cm, H 2,2 cm. Hamburg, Altonaer Museum

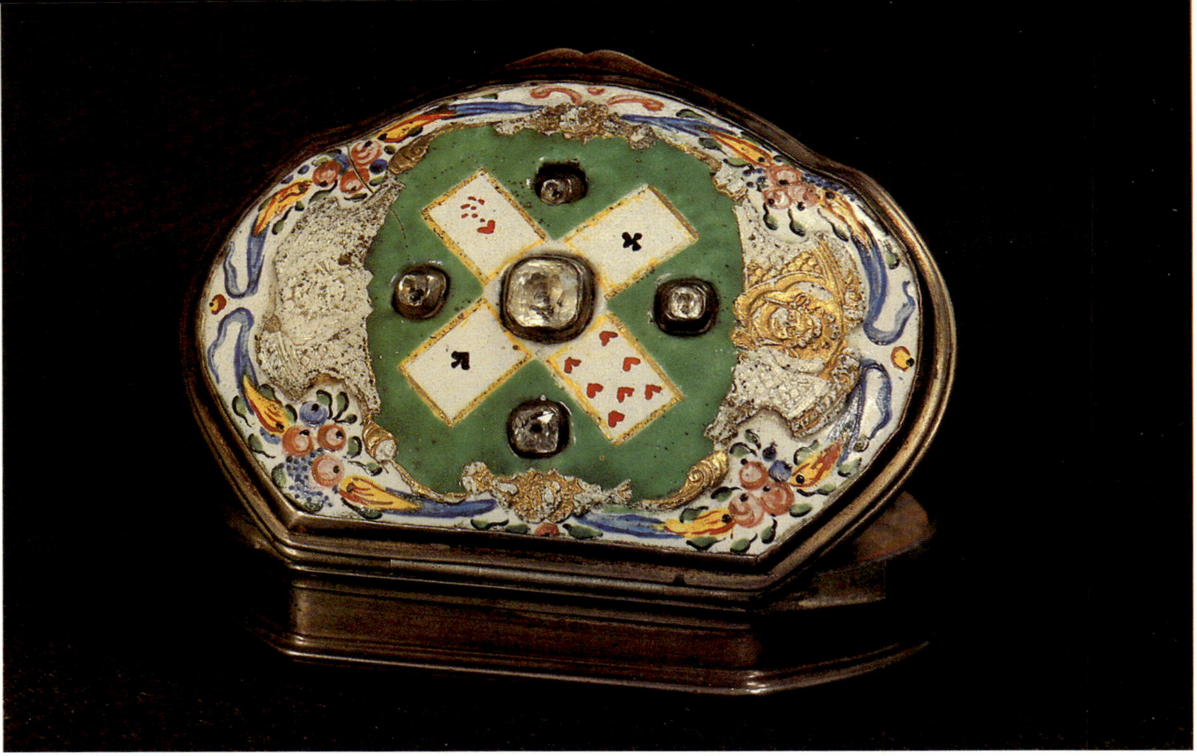

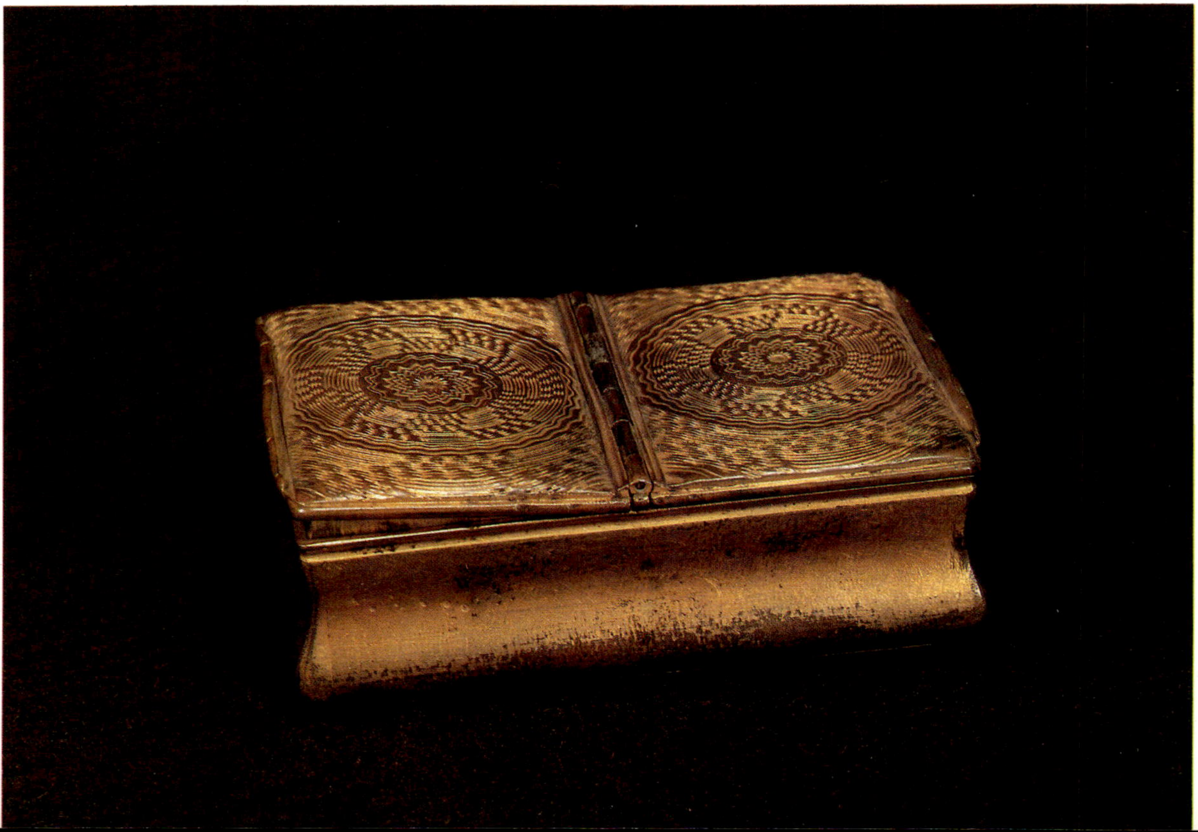

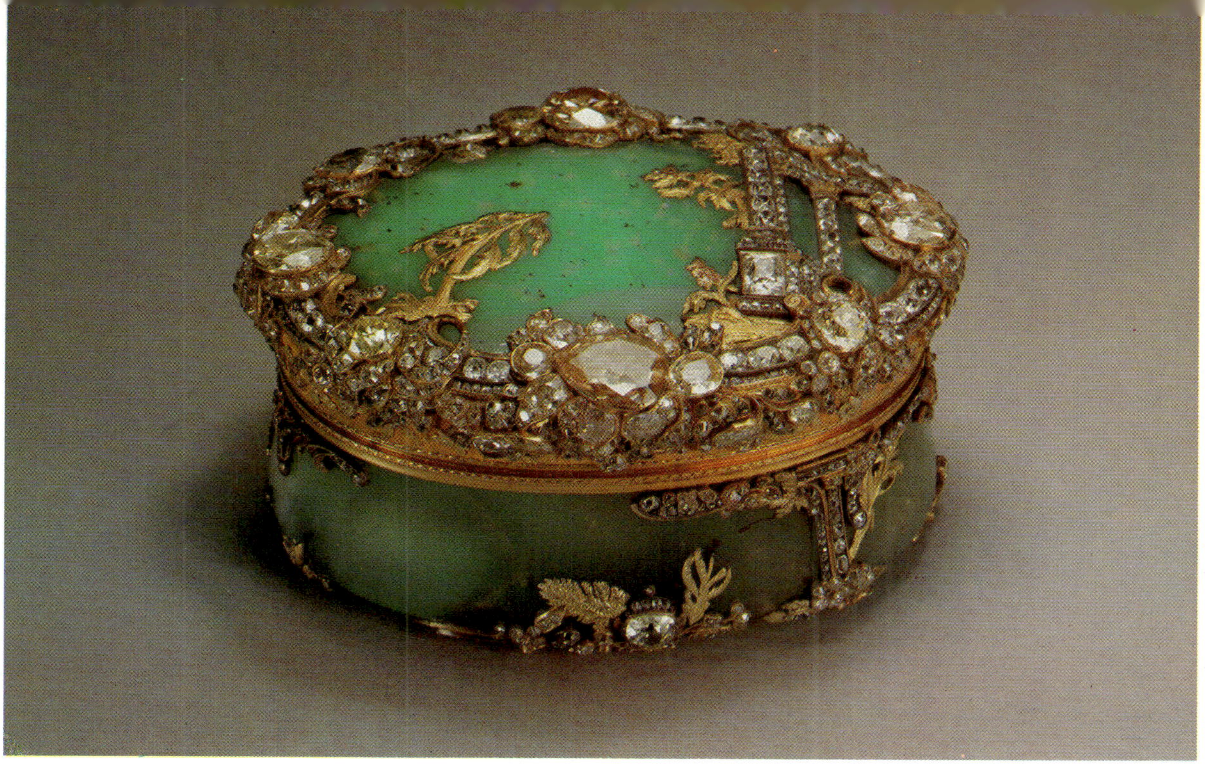

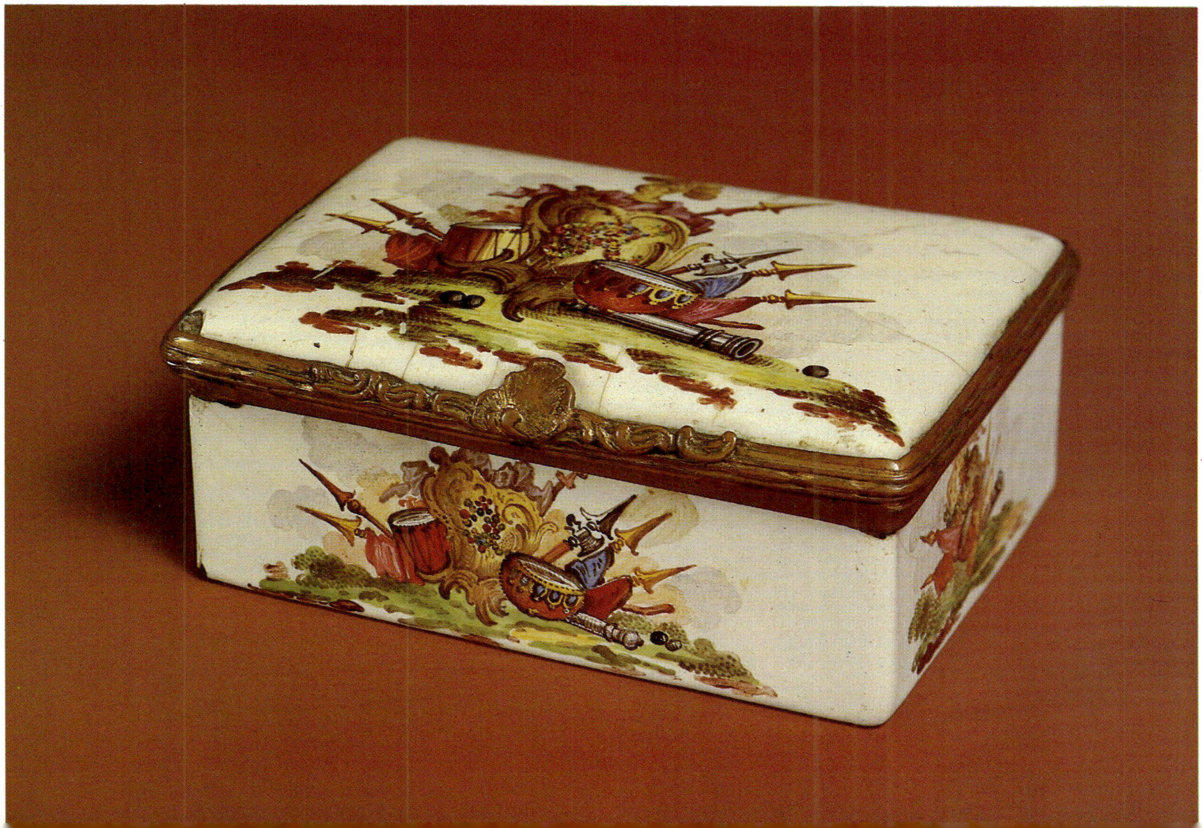

11 *Schwarz lackierte Pappmachédose.*
Auf dem Deckel unter Klarlack
in farbiger Ölmalerei ein Mönch,
der, in einer Getreidegarbe verborgen,
ein Mädchen in das Kloster schmuggelt.
Vermutlich Anfang 19. Jh.,
D 10,2 cm, H 1,9 cm.
Köln, Herbig-Haarhaus Lackmuseum

12 *Buchförmige Tabatiere.*
Silber, innen vergoldet, Österreich,
um 1840, L 7,9 cm, B 5,8 cm, H 1,8 cm.
Kremsmünster, Kunstsammlung
des Benediktinerstiftes

13 *Blaugrundige Tabatiere mit goldenem Netzmuster*
des Wiener Juweliers Christoph von Jünger, um 1770.
Kremsmünster, Kunstsammlungen des Benediktinerstiftes

14 Tabatiere aus dem Besitz des Tabak-
gegners Johann Wolfgang Goethe.
18karätiges Gold, vermutlich Deutschland,
um 1800, L 6,3 cm, B 4,4 cm, H 1,2 cm.
Weimar, Nationale Forschungs- und
Gedenkstätten, Goethe-Nationalmuseum

15 Kuvertdose. Email über Kupfer,
auf dem Deckel Widmung in Schreibschrift,
Rußland ?, zweite Hälfte 18.Jh.,
L 11,5 cm, B 8 cm, H 2 cm.
Berlin, Märkisches Museum

16 Zwei Tabatieren mit eingebauten Uhren.
Silber, 1730 und 1710,
L 7 cm und 10 cm. Sammlung Landrock

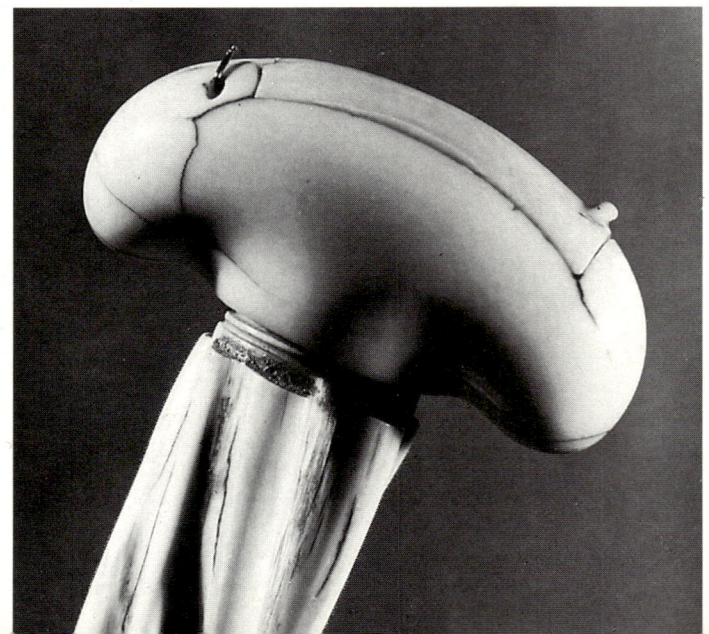

17 Tabatiere in Gestalt eines knienden
Chinesen. Email mit Silberfassung,
Mennecy, Seine-et-Oise, um 1750,
L 6,2 cm, B 4 cm, H 4,5 cm.
Hamburg, Museum für Kunst und Gewerbe

18 Krückstock mit Tabatiere im Griff aus
dem Besitz des preußischen Reitergenerals
von Ziethen. Narwalzahn und Elfenbein,
Mitte 18. Jh., Gesamtlänge 96,5 cm.
Weimar, Nationale Forschungs- und
Gedenkstätten, Goethe-Nationalmuseum

19 Tabatiere aus Berliner Eisenkunstguß
mit dem Porträt des bayerischen
Königs Joseph I. (1806–1825),
signiert F. Detler. D 7,7 cm, H 1,5 cm.
Berlin, Märkisches Museum

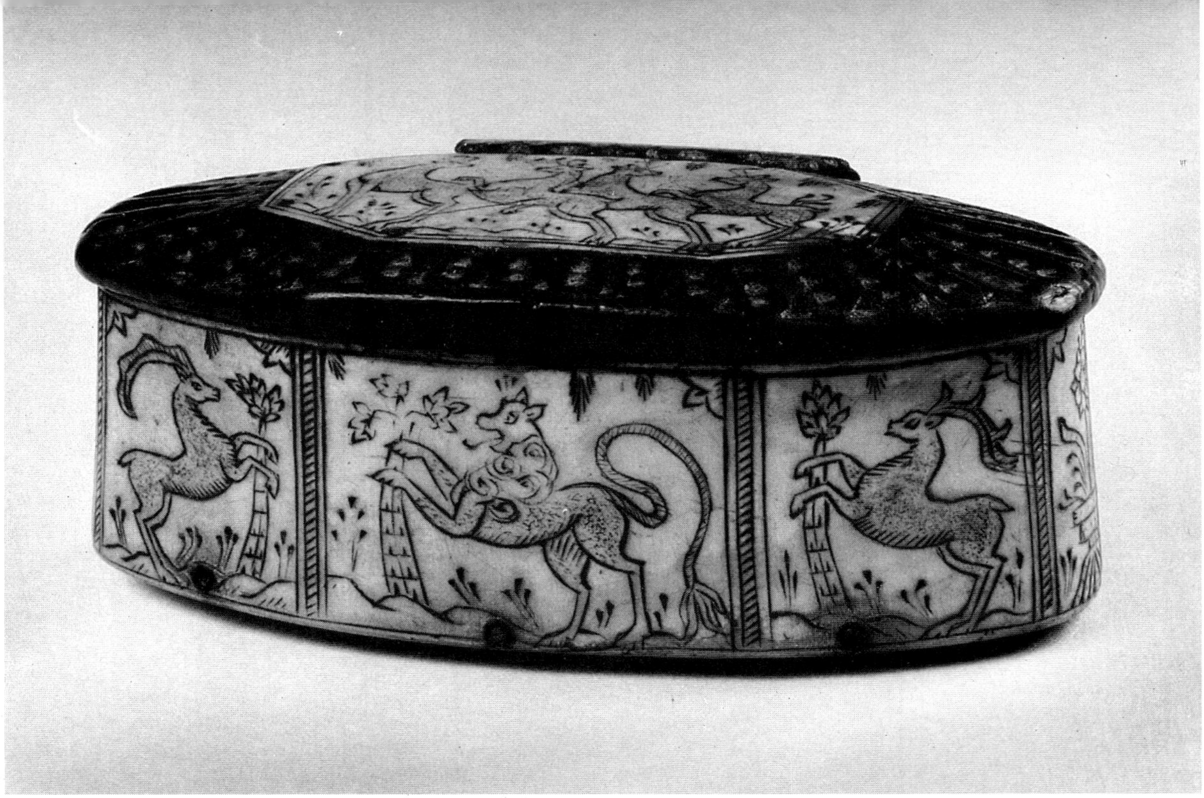

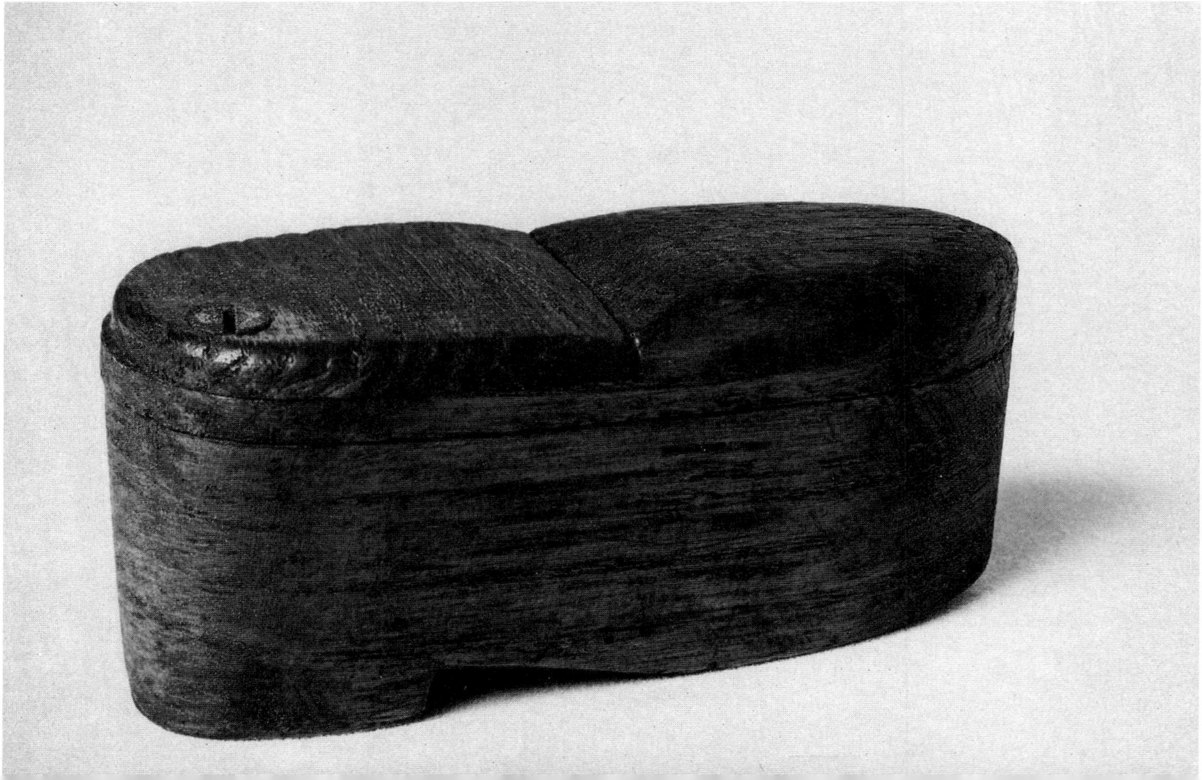

20 »Sterzinger Gamserldose«. Holz mit Bein,
Sterzing, Südtirol, datiert 1611,
L 7,5 cm, B 3,2 cm, H 3,2 cm.
Linz, Schloßmuseum

21 Hölzerne Schnupftabakdose in Schuhform.
Niederlande oder Norddeutschland, Anfang 19.Jh.,
L 11 cm. Schwerin, Historisches Museum

22 Schnupftabakdose in Stiefelform. 19.Jh.,
H 6,2 cm. Berlin, Staatliche Museen,
Museum für Volkskunde

23 Schnupftabakfläschchen.
Gesprenkeltes Waldhüttenglas, Süddeutschland, 19.Jh.,
H 5,7 cm. Berlin, Staatliche Museen,
Museum für Volkskunde

25 Zwei Tabatieren aus Birkenrinde.
Süddeutschland und Schweiz, datiert 1878,
L 9 cm und 8,5 cm. Berlin, Märkisches Museum

26 Drei moderne Tabatieren
des Silberschmiedes Volker Knauf. Halle (Saale),
1981, H 6 cm, 9 cm, 6 cm.
Berlin, Kunstgewerbemuseum Schloß Köpenick

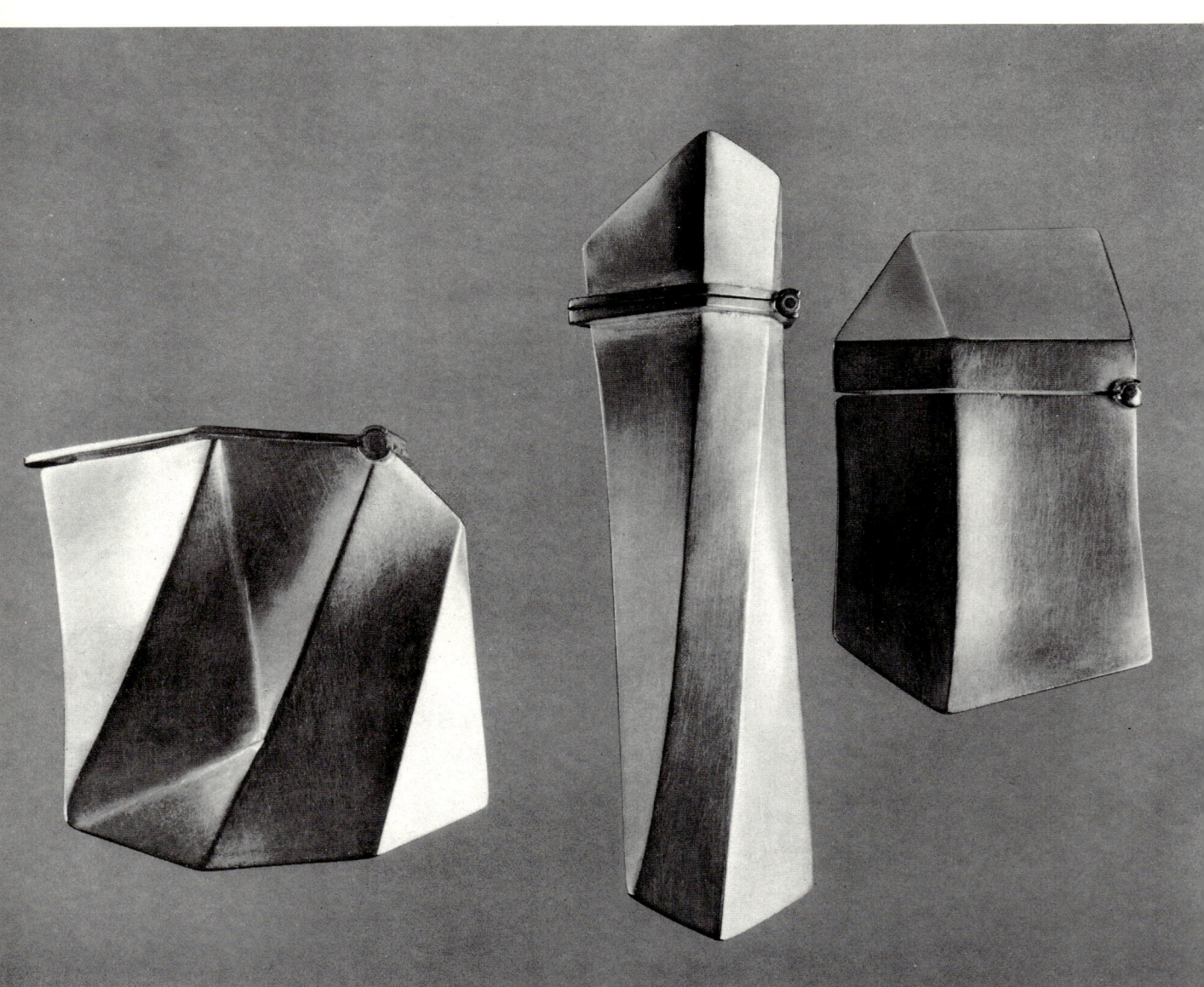

Tabatieren mit zwei Fächern für verschiedene Schnupfpulversorten dienten als Vorbild für Kombinationen mit Uhren oder Spielautomaten. Selbst die um 1800 in der Schweiz hergestellten Singvogeldosen, bei denen nach dem Öffnen des Deckels ein Vögelchen erschien und ein Lied pfiff, fanden trotz des stattlichen Preises von 500 Pfund Sterling ihre Abnehmer. Techniker befaßten sich ebenfalls mit den Tabatieren. 1787 kamen in England Elektrophore auf, mit denen eine schwache elektrische Funkenentladung anstelle des Tabakpulvers die Nase reizte. Diese auf den ersten Blick kuriosen Spielereien kennzeichnen ein zunehmendes technisches Interesse in einer Zeit, da Tabatieren als unentbehrliche Bestandteile der Etikette galten.

Selbst entschiedene Tabakgegner trugen standesgemäß Tabakdosen oder erhielten sie zum Geschenk wie Johann Wolfgang von Goethe, dem die russische Zarin eine Dose mit ihrem Bildnis verehrte.

Nach 1800 erlangte der Schnupftabak auch in unteren Volksschichten weite Verbreitung. Kennzeichnend für diese soziale Änderung der Verbraucherbereiche waren neuentwickelte Tabatieren aus unedlen Materialien sowie der Einzug des Schnupftabaks im Volksbrauchtum.

Zu Beginn des 19. Jahrhunderts entwickelte der Berliner Medailleur Daniel Friedrich Loos eine Metallmischung, die er Caldarisches Erz nannte. Aus dieser Legierung erzeugte Tabatieren wurden für 10 bis 16 Taler angeboten. Kennzeichen dieser Dosen ist die Markenkombination »A.C.L.« (aes caldarum Loos) mit dem Kopf des Hephaistos, des griechischen Gottes des Feuers und aller Schmiedearbeit.

Eisengießereien in Berlin, in der Lausitz und Schlesien fertigten Tabatieren aus Guß-

eisen, die mit filigranem Flechtwerkornament bedeutende Leistungen der Gußtechnik darstellen.

Steter Beliebtheit erfreuten sich Schnupftabakdosen aus organischen Substanzen, vor allem Holz und Horn. Zu den Prunkstücken im Schnupftabakmuseum Grafenau (BRD) gehört der präparierte und mit Silber ausgeschlagene Kopf eines Hochlandschafes, der einst in einem englischen Offizierskasino als Gemeinschaftsschnupftabakdose diente. Widderhörner verarbeitete man in Schottland zu Dosen. Im österreichischen Salzburg bestand ein bedeutendes Gewerbe für geschnitzte Tabatieren aus Steinbockhorn. Typisch für die Salzburger Dosen ist die Silberfassung. Als »Sterzinger Gamserldosen« sind Horndosen bekannt, die man in dem gleichnamigen Südtiroler Ort für den individuellen Gebrauch gravierte. Die Themen weisen Jäger und Fuhrleute als Hersteller aus. Ebenfalls in Sterzing entwickelte man eiförmige Dosen aus Horn oder Bein. Sie enthalten gravierte oder gemalte Bilder und Sinnsprüche, die Themen reichen von naiven religiösen, ländlichen und derb-erotischen Darstellungen bis zu Liebessprüchen.

Kleinbetriebe in der Umgebung von Strasbourg spezialisierten sich auf Dosen aus Birkenrinde mit geprägten Szenen auf den Deckeln. Wilhelm Busch reimt in seinem Gedicht »Die Birke«:

»Es ist die weiße Rinde
zu Tabakdosen gut,
als teures Angebinde
für den, der Schnupfen tut.«

In Süddeutschland und Österreich schnitzte man ähnliche Dosen aus Weichholz. Vorwiegend religiöse Themen als Verzierung lassen

34 die Herkunft aus diesen katholischen Gebieten erkennen. Fein gemaserte Hölzer wie Buchsbaum, Mango, in Irland Mooreiche galten ebenfalls als geschätzte Materialien für Schnupftabakdosen.

23 Eine Sonderform sind die in Waldglashütten hergestellten Schnupftabakfläschchen. Ähnliche vasen-, ei-, kugelförmige oder figural geformte Fläschchen aus Porzellan, Glas, Keramik und Halbedelsteinen sind zunächst in China üblich gewesen. Ungewiß ist, inwieweit eine gegenseitige Beeinflussung erfolgte. Einheitliches Kennzeichen der im Kunsthandel als »snuff bottles« geführten asiatischen Stükke ist der am Deckel befestigte Löffel zur Entnahme einzelner Portionen. Der Deckel besteht stets aus anderem Material als der Korpus, etwa Koralle, Perlen oder Stein, und hebt sich auch farblich ab. Seeleute, Händler, chinesische Auswanderer brachten derartige Fläschchen in großer Zahl nach Europa und Amerika, wo sich frühzeitig Sammler dafür begeisterten. Kapitäne von Handelsschiffen nahmen für chinesische Maler Aufträge von Wappendarstellungen europäischer Familien mit und übergaben nach der Rückkehr die fertigen Werke. Als Souvenirs gibt es Schnupftabakfläschchen noch in der Gegenwart. Anläßlich des 25. Krönungsjubiläums der englischen Königin Elisabeth II. 1977 entstanden Porzellanfläschchen mit dem plastischen Relief der Queen, und der Staatsbesuch des ehemaligen amerikanischen Präsidenten Richard Nixon 1972 in der Volksrepublik China war dort Anlaß, die gekreuzten Staatsflaggen der beiden Länder auf Tabakfläschchen abzubilden.

Bei den europäischen Glasfläschchen fehlt der Entnahmelöffel, da man den Schnupftabak auf den Handrücken schüttet und so schnupft. Der Stöpsel ist hier ebenfalls aus

27 *Schnupferin. Kupferstich, Frankreich, um 1715. Sammlung Libert*

einem anderen Material, vorwiegend Wacholderholz oder Metall. Gewendelter Draht, der vom Deckel in das Glas ragt, diente zum Füllen. Man setzte einen kleinen Trichter auf die kleine Öffnung, schüttete Tabakpulver hinein und bewegte den Draht auf und ab. Größere Tischflaschen erhielten als Zierat einen Wedel aus gefärbter Wolle oder einem Kälberschweif, der auch zum Reinigen der Nase diente.

Pfirsichförmige Flaschen kamen in Skandinavien vor, Waldglashütten in Bayern produzierten stumpfei- und kugelförmige »Schmalzglasln«. Im nahen Böhmerwald schmolzen die Glasmacher verschiedenfarbene Glasreste zu Schnupftabakfläschchen. Plastische Auflagen oder Malereien lassen die Fläschchen zu humorvollen Zeugnissen der Volkskunst werden.

Auch hier gibt es derbe Späße wie die Abbildung eines nackten dicken Paares, das sich Bauch an Bauch gegenübersteht, mit der Überschrift: »Du bist so nah und doch so fern.«

In Böhmen gehörte die Schnupftabakflasche zum Hochzeitsbrauchtum. Die Brautmutter empfing an der Haustür den Brautführer mit der geöffneten Schnupftabakdose oder dem Fläschchen. Bei Reiterwettspielen in Bayern erhielt der Verlierer eine Portion Schnupftabak im Glas. Ebenfalls bei Spielen zur Hochzeit war in Frankreich Schnupftabak als Preis üblich.

Schnupftabakdosen aus unterschiedlichen Materialien in Gestalt von Gebrauchsgegenständen erfreuten sich im Biedermeier als Geschenk großer Beliebtheit. Man ließ Dosen als Arbeitsgeräte herstellen, die auf den Berufsstand des Beschenkten hinwiesen. Vorbilder dieser originellen Tabatieren sind in den »sabots« genannten stiefelförmigen Dosen des Rokoko zu suchen, die fast hundert Jahre lang aktuell blieben. Um 1800 wurde der Zweispitz, die Kopfbedeckung Napoleons, in Pappmaché oder emailliert, mit einer Perle anstelle des Hutknopfes, als Tabatiere modern.

Stets gab es Stimmen gegen den Schnupftabak. 1706 schrieb die Herzogin Elisabeth Charlotte von Orleans an ihre Tante, Kurfürstin Sophie von Hannover: »Es ärgert mich recht, wenn ich hier alle Weibsleut mit den schmutzigen Nasen, als wenn sie im Dreck, mit Verlaub, gerieben hätten, daher kommen und die Finger in aller der Männer Tabatière stecken sehe, dann muß ich gleich speien, so ekelt mir.« Ihre Geschlechtsgenossinnen hörten nicht auf den Rat und wetteiferten im Verbrauch des Schnupftabaks durchaus mit männlichen Schnupfern. Die Gattin des englischen Königs Georg III. (1760–1820), eine starke Schnupferin, nannte man im Volk wenig respektvoll »Snuffy-Charlotte«.

Doch nicht die Stimmen der Gegner dämmten den Verbrauch des Schnupftabaks ein, das vermochte allein das sich stets ändernde Diktat der Mode. Seit einigen Jahren ist – vor allem in Westeuropa – ein erneuter Anstieg des Schnupftabakverbrauchs zu bemerken. Praktische Einwegbehälter sind an die Stelle der wertvollen Tabatieren getreten, deren große Zeit endgültig vorbei ist.

Rauchtabak

Nur in einem europäischen Land blieb das Tabakschnupfen nahezu unbekannt: in den Niederlanden. Statt dessen frönte man in der ersten bürgerlichen Republik seit dem Ende des 16. Jahrhunderts dem Tabakrauchen, oder wie es treffend hieß, dem »Tabaksaufen«. Der kaum fermentierte Tabak wurde nicht gepafft, sondern heruntergeschluckt. Aromatische Komponenten wie Teeblätter, Zucker, Vanille sollten den scharfen Tabakgeschmack mildern. Den gleichen Zweck hatte das möglichst lange Mundstück der Pfeife, dessen Länge nur von der zunehmenden Zerbrechlichkeit und Unhandlichkeit begrenzt wurde.

Für den erst lediglich in Apotheken gehandelten Tabak kamen in der zweiten Hälfte des

17. Jahrhunderts eigene Verkaufseinrichtungen, die Tabagien, auf. Typische Werbefiguren entstanden, wie der Tabakmohr mit einer Rolle Strangtabak, die Mohrin mit einem Lendenschurz aus Tabakblättern und der pfeifeschmauchende Türke. In Hafenstädten gehörten diese holzgeschnitzten Figuren bis zum Ende des 19. Jahrhunderts zu den markanten Kennzeichen der Tabakgeschäfte.

47, 48

Auf Gemälden niederländischer Maler des 17. Jahrhunderts und in Sittenschilderungen des 18./19. Jahrhunderts gleicht das Treiben in den Tabagien häufig dem in billigen Kneipen. Zu den berüchtigsten dieser Art im alten Berlin zählte »Der zottige Jude« in der Französischen Straße. Vor allem während der Metternich-Ära (1821–1848) sah man in den Tabagien nicht nur Stätten des sittlichen Lasters, sondern auch Horte des politischen Liberalismus. Gerichtet war der letztere Vorwurf vor allem gegen die Wiener Kaffeehäuser, wo man Kaffee trinken, über ausgelegte Zeitungen politisieren und bereitgehaltene Tabakpfeifen mit hygienischen auswechselbaren Kielmundstücken rauchen konnte.

Wer in der Zeit des Biedermeier in die Tabagie ging, mußte neben der Tabakpfeife und dem Tabakbeutel auch das Streichschwammfeuerzeug mitbringen, mit dem er den Stahl an den Stein schlug, um den Schwamm zum Glimmen zu bringen. Für die Herstellung der Zunderschwämme hatte sich im 18. Jahrhundert in Neustadt am Thüringer Rennsteig ein regelrechtes Gewerbe herausgebildet. Rohprodukt war der echte Zunderpilz *(Fomes fomentarius)*. Sammler trennten mit einem gebogenen Messer den Kern vom lappigen Wulst des Pilzes. Im Keller ließ man den Rohschwamm gären, legte ihn zwei Wochen in feuchte Asche und klopfte ihn dann mit einem Holzhammer breit. Erneut kamen die Stücke in Aschenlauge, wurden getrocknet und mit den Händen vor dem Gebrauch weichgerieben. Sogar die Briten bezogen den gleichmäßig braunen »German tinder« von hier.

In den Tabagien standen auch glimmende Holzspäne bereit, oder die Raucher entzündeten ihre Pfeife an einem gefalteten Papier, dem Fidibus. Für die Fidibusse – das Wort kam vermutlich aus der Studentensprache oder leitet sich von dem französischen »fil de bois« (Holzspan) ab – gab es becherförmige Behälter aus geprägtem Messingblech und aus geätztem, geschnittenem oder bemaltem Glas mit auf den Tabakgenuß bezogenen Darstellungen. Weiterhin gab es Kohlenbecken aus Kupfer oder Messing, in denen Holzkohle glimmte. Gemälde von Adriaen van Ostade (1610–1684) und David Teniers d. J. (1610–1690) zeigen verschiedene dieser Behälter mit den zugehörigen, den Kaminzangen im Kleinen nachgestalteten Metallzangen. Hendrick Terbrugghen (1588–1629) zeigt auf dem in Eger (Ungarn) befindlichen Gemälde eines »Knaben mit Pfeife« das Anzünden der Pfeife mit Hilfe einer Kerze. Erst mit der Verbreitung der Zündhölzer nach 1850 wurde das Anzünden der Pfeife unkompliziert.

40

Tonpfeifen

Am Ende des 16. Jahrhunderts entstanden in England die frühesten Manufakturen, die Tonpfeifen nach Vorbildern aus Amerika fertigten. Sich widersprechende Quellen nennen 1573 oder 1598 als Gründungsjahr eines ersten Betriebes. Namen von Pfeifenherstellern sind erst nach 1600 bekannt. John Stuckney in Wapping markierte ab 1603 seine Pfeifen mit den

Initialen IS. Ab 1635 kennzeichnete William Bechalor seine Erzeugnisse mit den Initialen WB und der Tudorrose. Die Zahl der Pfeifenmacher nahm schnell zu. Handwerksbetriebe kamen in den Orten Tauton, Chester und Salisbury auf. In London, hier erfolgte 1619 die Gründung der ersten Zunft, arbeiteten 1650 bereits 75 durch Marken bezeugte Produzenten. In den folgenden fünf Jahrzehnten lassen sich 116 verschiedene Meistermarken belegen, und zwischen 1700 und 1750 erreichte dieses Gewerbe mit 136 Handwerkern den Höhepunkt.

Das gemeinsame Kennzeichen der frühen europäischen Tonpfeifen ist der kleine, im stumpfen Winkel angesetzte Kopf. Beeinflußt von prunkvollen Formen des Barock entwickelten sich seit dem zweiten Viertel des 17.Jahrhunderts dekorativ gestaltete Pfeifen mit plastischem floralem Dekor sowie Raleighpfeifen mit einem dem Raucher zugewandten menschlichen Kopf als Pfeifenkopf. Der Ursprung als Karikatur oder Zeichen der Verehrung bleibt umstritten. Die praktische Neuerung eines flachen Pfeifenbodens ermöglichte das Abstellen im angerauchten Zustand.

31

Englische Tonpfeifen gelangten in großer Zahl in die britischen Kolonien und auf den europäischen Kontinent. 1698 lieferten englische Pfeifenmacher unter anderem 2131 Gros (1 Gros = 144 Stück) nach Virginia, 100 Gros nach Spanien, 40 970 Gros nach Frankreich und 955 Gros zur Insel Barbados. Aus England kamen Begründer eigenständiger Tonpfeifenwerkstätten in die Niederlande, nach Dänemark und in die Schweiz. 1617 ließ sich William Baenelt in dem holländischen Ort Gouda nieder. Naturalisiert als Barentz formte der Meister kurzstielige Pfeifen, die er mit einer gekrönten Tudorrose markte. Gouda wurde *28* das wichtigste Zentrum der europäischen

28 Die Rose gehört zu den ältesten Marken der Pfeifenmacher aus Gouda, Holland. Aus: Goudsche Pijpen, Amsterdam 1942

Tonpfeifenproduktion, es bestanden hier zeitweise 500 Kleinbetriebe, die ihre Erzeugnisse mit der Rose und mit sechszackigen Sternen kennzeichneten. Man entwickelte Grundformen mit unterschiedlich langen Mundstücken von 18, 21 und 28 Zoll Länge. Typisch für Goudaer Pfeifen waren auch die »Dorroker«, deren Tonwandung teilweise eine Kieselsäurelösung als Glasur bekam. Unter dem Einfluß der Hitze beim Rauchen trat eine zuvor nicht sichtbare Bemalung zum Vorschein.

In Deutschland bildete sich um 1628 in Köln ein Zentrum der Tonpfeifenproduktion heraus. *29* 1725 errichtete der Landesherr des Fürsten-

38 tums Schönburg in Waldenburg eine Pfeifenbäckerzunft. Innerhalb von sieben Tagen waren hier als Meisterstück die Formen für jeweils eine lange und eine kurze Pfeife zu fertigen, mit denen der Prüfling im Beisein von Zunftmitgliedern je ein Dutzend Pfeifen herstellen mußte. Söhne von Meistern wurden bereits in den Satzungen bevorzugt, von ihnen verlangte man nur eine Modellform.

1753 gründete der Bildhauer Friedrich Christian Glume in Berlin die erste preußische Tonpfeifenmanufaktur, weitere folgten bald in Salzwedel, Weissenspring bei Frankfurt (Oder) und Rostin in der Neumark. Um 1800 stellten die 49 Arbeiter der Manufaktur Rostin jährlich Pfeifen im Wert von 19000 Talern her, von denen Pfeifen für 9000 Taler außerhalb des Landes abgesetzt wurden.

Tonpfeifen anderer Provenienz gleichen den niederländischen Vorbildern so weitgehend, daß eine chronologische Typologie für den gesamten mitteleuropäischen Raum zutreffend ist. Lokale Einflüsse lassen sich nur im Zierat und im veränderten Ansatzwinkel zwischen Rohr und Pfeifenkopf ablesen.

Reliefierte heraldische Adler auf der dem Raucher zugewandten Seite des Kopfes, Nuppenbänder und rechtwinkliger Kopfansatz sind besondere Merkmale brandenburgischer Pfeifen.

Mit geringfügigen Abweichungen erfolgte die Herstellung in allen Manufakturen nach der gleichen Technologie. Ausgangsprodukt war ein weicher, kalkreicher, weißbrennender Ton, der nach dem Brand hell blieb. Der in großen Blöcken gewonnene Ton wurde mehrere Wochen in Schlämmfässern eingeweicht, bevor er sorgfältig gereinigt und geschrotet zur Verarbeitung gelangte. Selbst kleinste Verunreinigungen führten im Brand zu Rissen. Ein Schlämmer teilte ziegelgroße Stücke ab, die ein anderer Spezialist in flache Scheiben schnitt, um sie erneut durchzukneten. Der Roller formte aus einem kleinen Tonklumpen eine lange, schlanke Walze, an der ein Brocken für den Kopf verblieb. Für die Tätigkeit des Rollens wurden häufig Kinder eingesetzt. Vom Roller übernahm der Former den Rohling, bohrte mit einem Draht den Rauchkanal und gab ihm in einer zweiteiligen Messingform die Fasson. Nach dem Ausbohren des Kopfes, dem Entfernen überflüssigen Tons und dem Glätten der Naht trocknete der aus der Form entnommene Rohling, bevor der Tremer die Feinarbeiten ausführte. Dieser Arbeiter steckte einen Hornkegel in den ausgehöhlten Pfeifenkopf und glättete mit einem Messer dessen Außenwandung. Anschließend rändelte er mit der sägeförmigen Schneide des Tremermessers den Kopf, indem er ihn dicht unter der Mündung kreisförmig punktierte, um dann mit dem gleichfalls an seinem Messer angebrachten Stempel die Fabrikmarke oder die Initialen des Manufakturbesitzers auf den Zapfen zu prägen. Häufig kam eine zweite Marke, die den Herstellungsort bezeichnete, auf das Rohr. Etwa in die Rohrmitte drückte der Tremer ein graviertes Messingblech mit dem von mehreren Punktreihen umgebenen Ortsnamen. Für den nächsten Arbeitsgang nahm der Glaser die vorbereitete Pfeife, um sie mit einem Glasrohr, besser noch mit einem Stück Achat zu polieren. Dieses »Glasen« ersetzte das sonst bei Tonwaren übliche Glasieren. Da Feuchtigkeit im Brand zum Vergilben geführt hätte, mußten die Rohlinge sorgfältig austrocknen. Man lagerte sie hierzu auf einem Trockenbrett, dessen Vertiefungen dem Dorn Halt gaben. Das Brennen erfolgte in großen Wannen aus einfachem Töpferton. Zwischen die einzelnen Lagen kamen Bruchstücke alter Pfeifen als eine Art

29 Werkstatt eines Kölner Pfeifenbäckers.
Holzschnitt, Anfang 19.Jh. Aus: Maronde, C.,
Rund um den Tabak, Frankfurt (Main) 1976

Schotter. Zwölf bis zwanzig Stunden dauerte der Brand. Nach dem Erkalten reinigte ein weiterer Arbeiter die einzelnen Pfeifen mit einer Tünche aus Wachs oder Seife und polierte sie mit einem Tuch. Bestimmte Pfeifen wurden in verschlossenen Behältern unter Zugabe von Holzkohle erneut gebrannt. Dieser Zweitbrand färbte die hellen Tonpfeifen gleichmäßig schwarz.

Unabhängig von den Pfeifenmanufakturen gab es einzelne Pfeifenmacher, die für den örtlichen Markt kurze Tonpfeifen herstellten. In der slowakischen Stadt Banská Štiavnica produzierten einige Pfeifenbäcker kurze Pfeifen, »stiavniki« genannt. Bauern, Bergleute, Tagelöhner legten diese Pfeifen, mit Tabak gefüllt, ins Feuer und ließen sie hier warm werden, bevor sie damit rauchten. So gelangte weniger Tabaksaft in den Rauchkanal, ein sonst unvermeidbarer Nachteil der kurzen Pfeifen, die sich üblicherweise nicht trocken rauchen ließen.

Ihre große Zerbrechlichkeit ließ die Tonpfeife in der Kunst zu einer Allegorie der Vergänglichkeit werden. Ein derartiges Vanitasstilleben von Georg Flegel (um 1566–1638) im

40 Historischen Museum Frankfurt (Main) zeigt eine üppig verschnörkelte Tonpfeife mit birnenförmigem Kopf und barockem Rankenwerk am Stiel. Obwohl selbst derart verzierte Pfeifen in ihrer Herstellung billig blieben, sorgte man für einen Schutz der zerbrechlichen **41** Rauchinstrumente in Klappetuis. Sicher bedingte der weiträumige Handel mit dem ungewissen Nachschub diese Sorgfalt. Trotz Lagerung in mit Stroh gepolsterten Weidenkörben war der Bruch bei den damaligen Verkehrsbedingungen groß. Nach den preußischen Zollbestimmungen blieb ein Fünftel der Tonpfeifen als Bruch unverzollt.

Wertvolle Klappetuis mit Einlegearbeiten aus Schildpatt oder Behältnisse aus geschnitztem Weichholz zeigen, daß die Tonpfeifen nicht nur in unteren sozialen Schichten gebräuchlich waren. Wilhelm III. von Oranien hielt im Anschluß an Jagdtage Rauchgesellschaften ab. Nach diesem Vorbild entstand am preußischen Hof das Tabakskollegium. Friedrich Wilhelm I. nahm an diesen Kollegien seines Vaters bereits als Kronprinz teil. Nach seiner Krönung 1713 ließ er die Prunksessel der **43** Tabagie im Schloß durch einfache Holzschemel ersetzen und verbannte von diesem Ort das sonst übliche höfische Zeremoniell. Holländischer Tabak stand in Zinnschalen auf dem Tisch, lange Tonpfeifen lagen bereit, in kupfernen »Feuerpfännen« glimmten Torfstücke zum Anzünden der Pfeifen. Im Kreis seiner Generale, auserwählter Hofleute und berühmter Reisender saß der König in der Uniform eines Obristen und ließ sich hier nur als solcher titulieren. Als 1736 König Stanislaus von Polen, selbst passionierter Raucher, in Berlin weilte, rauchten beide Könige allabendlich 30 Pfeifen. Nur ausgesprochene Nichtraucher durften den Abend mit der kalten Pfeife verbringen.

Im Volk ging ein harmloser Spottvers um:

»Alles muß beim König rauchen,
Jeder muß sein Pfeifchen schmauchen
Doktor, Rat und Offizier –
so verlangt's die Ordnung hier.«

Neben dem Schloß in Berlin verfügten die Schlösser in Königs Wusterhausen und Potsdam über Tabakstuben. P. Christian L. Leygebe und Adolf von Menzel schufen lebendige Darstellungen von diesen Männerunterhaltungen und den hier üblichen derben Späßen. Bei den Tabakskollegien ließ sich der König zwanglos über historische und politische Probleme informieren, diskutierte über religiöse und pädagogische Streitfragen und fand hier ein merkwürdiges Äquivalent zu den Sitzungen seiner Behörden, an denen er kaum teilnahm.

1732 entstand nach dem Vorbild des preußischen Hofes ein Tabakskollegium im Lustschloß Eremitage der hessischen Residenz Bayreuth. Zar Peter III., ein Verehrer des preußischen Königs, gab ebenfalls Tabaksgesellschaften. Während die adligen Tabakskollegien ihre Initiatoren nicht überlebten, blieb das Rauchen aus langen Tonpfeifen lebendiger Brauch bei den alljährlich in Bremen durchgeführten »Schaffermahlzeiten«. Seit 1545 wird dieses älteste »Brüdermahl« Deutschlands im großen Festsaal des Rathauses begangen. Bremer Kaufleute, Reeder und Kapitäne sitzen bei einfacher Kost und besprechen mit ihren Gästen Fragen der Seewirtschaft. Allerdings ist unbekannt, seit wann im Anschluß an die Mahlzeiten aus langen Tonpfeifen geraucht wird.

TONPFEIFEN

30 David Teniers d.J. (1610–1690), Raucher in der Wirtsstube.
Öl auf Holz, 33×53 cm. Schwerin, Staatliches Museum

Folgende Seiten:

31 Tonpfeife vom Typ Sir Walter Raleigh. Niederlande,
um 1625, Bodenfund in Arnstadt, H des Kopfes 4,5 cm.
Weimar, Museum für Ur- und Frühgeschichte Thüringens

32 Zwei Tonpfeifen. Deutschland, um 1800.
Berlin, Märkisches Museum

33 Holzschachtel mit Schiebedeckel zum Aufbewahren
von Tonpfeifen. Niederlande oder Norddeutschland,
Anfang 19.Jh.?, L 30 cm. Schwerin, Historisches Museum

34 Pfeifenschlitten. Porzellan mit polychromer Bemalung,
Niederlande, 1774–1782. Amsterdam, Rijksmuseum

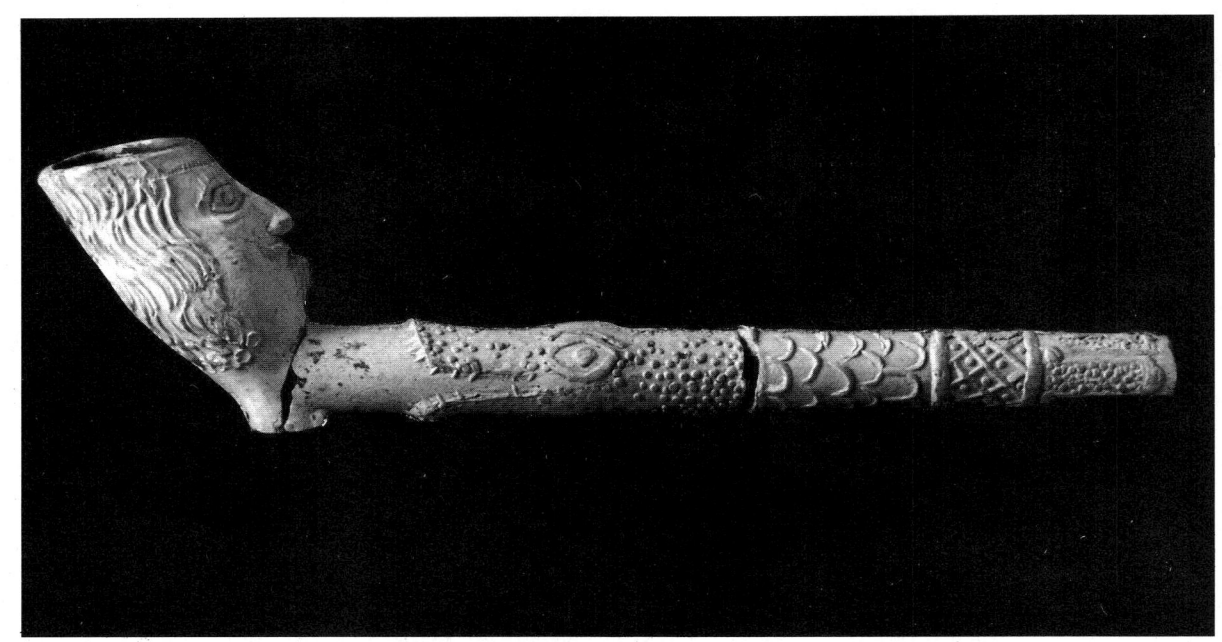

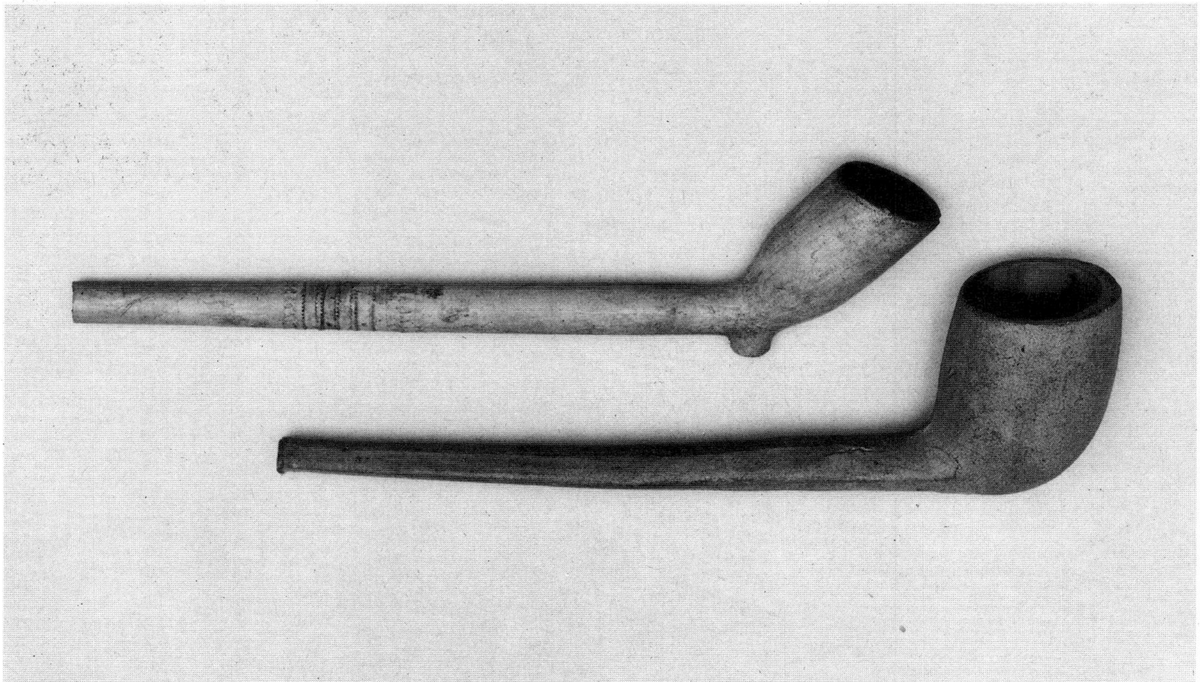

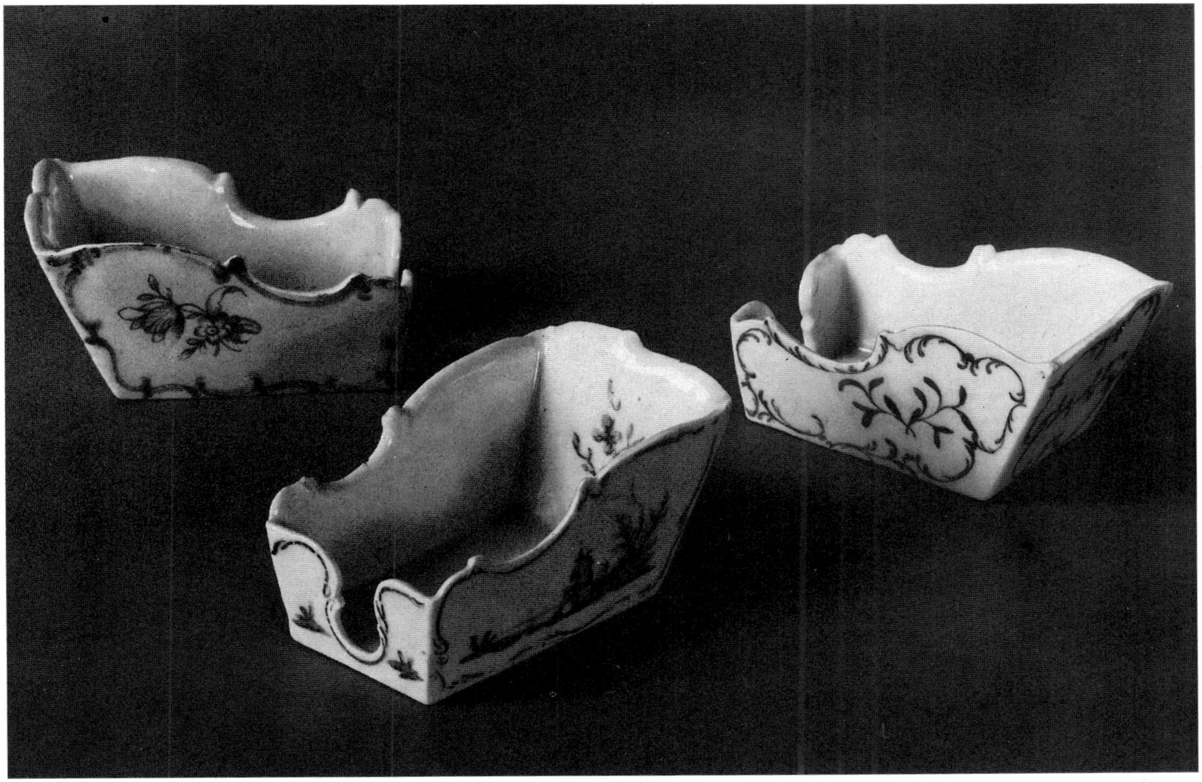

35 Ovale Rauchtabakdose. Messing, Niederlande, 18. Jh.,
L 13 cm. Berlin, Märkisches Museum

36 Rauchtabakdose. Porzellan auf Kupfer,
Deutschland, Ende 18. Jh., L 16,5 cm, B 5 cm, H 3 cm.
Berlin, Märkisches Museum

37 Iserlohner Rauchtabakdose von Johann Heinrich Giese.
Westfalen, um 1760, L 16 cm. Berlin, Märkisches Museum

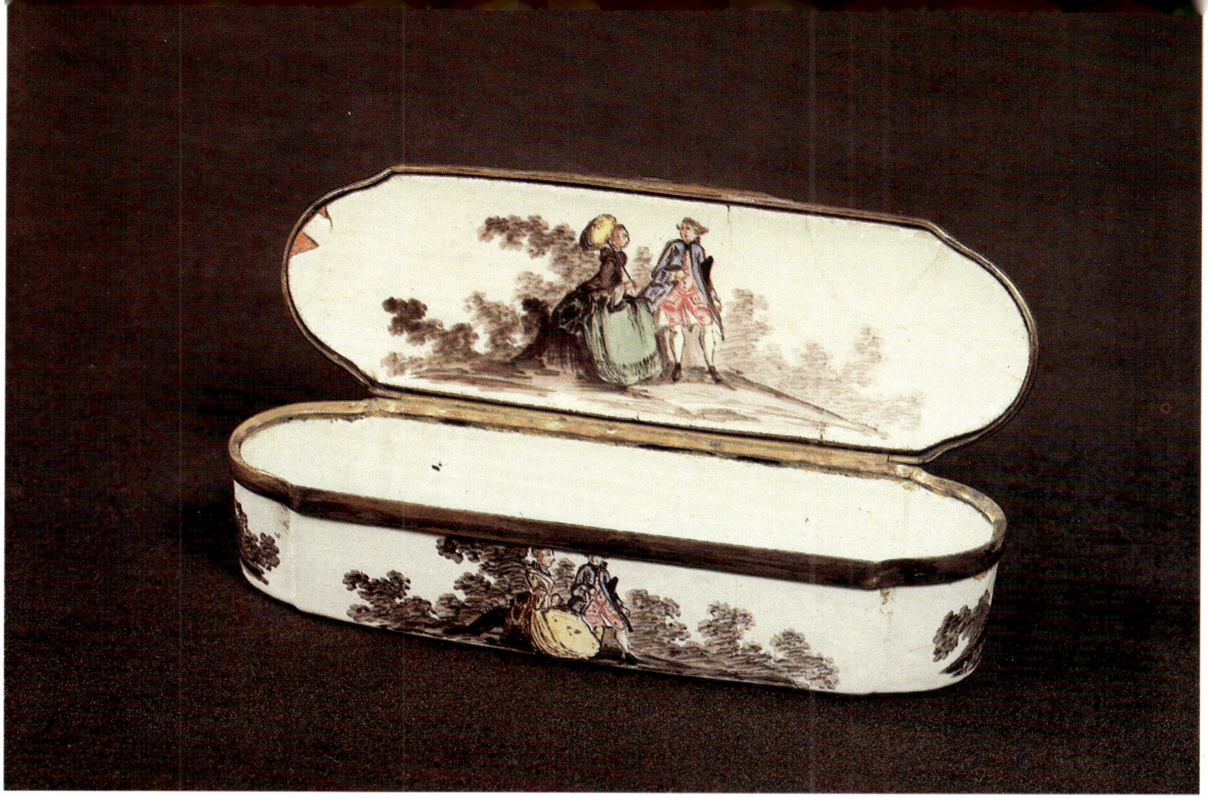

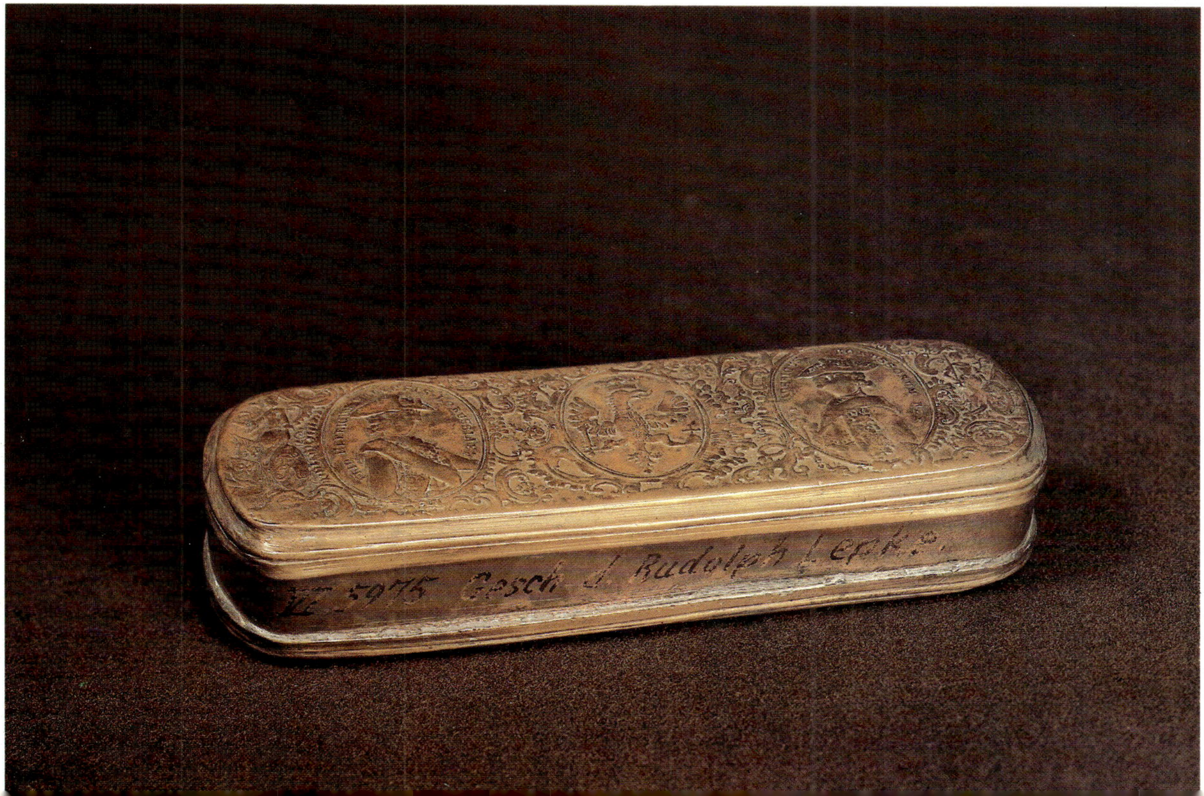
5975 Gesch d Rudolph

*38 Pfeifenstopfer. Elfenbein, Niederlande, 18.Jh.,
H 6,7 cm, 5,8 cm und 5,1 cm. Bremen, Focke-Museum*

*39 Ständer für eine Tonpfeife, die in den Kopf der Figur
eingesteckt wird. Holz, Norddeutschland, 19.Jh., H 17 cm.
Schwerin, Historisches Museum*

48

40 Adriaen van Ostade (1610–1685),
Raucher in der Dorfschenke. Öl auf Holz, 45,5×39 cm.
Dresden, Staatliche Kunstsammlungen,
Gemäldegalerie Alte Meister

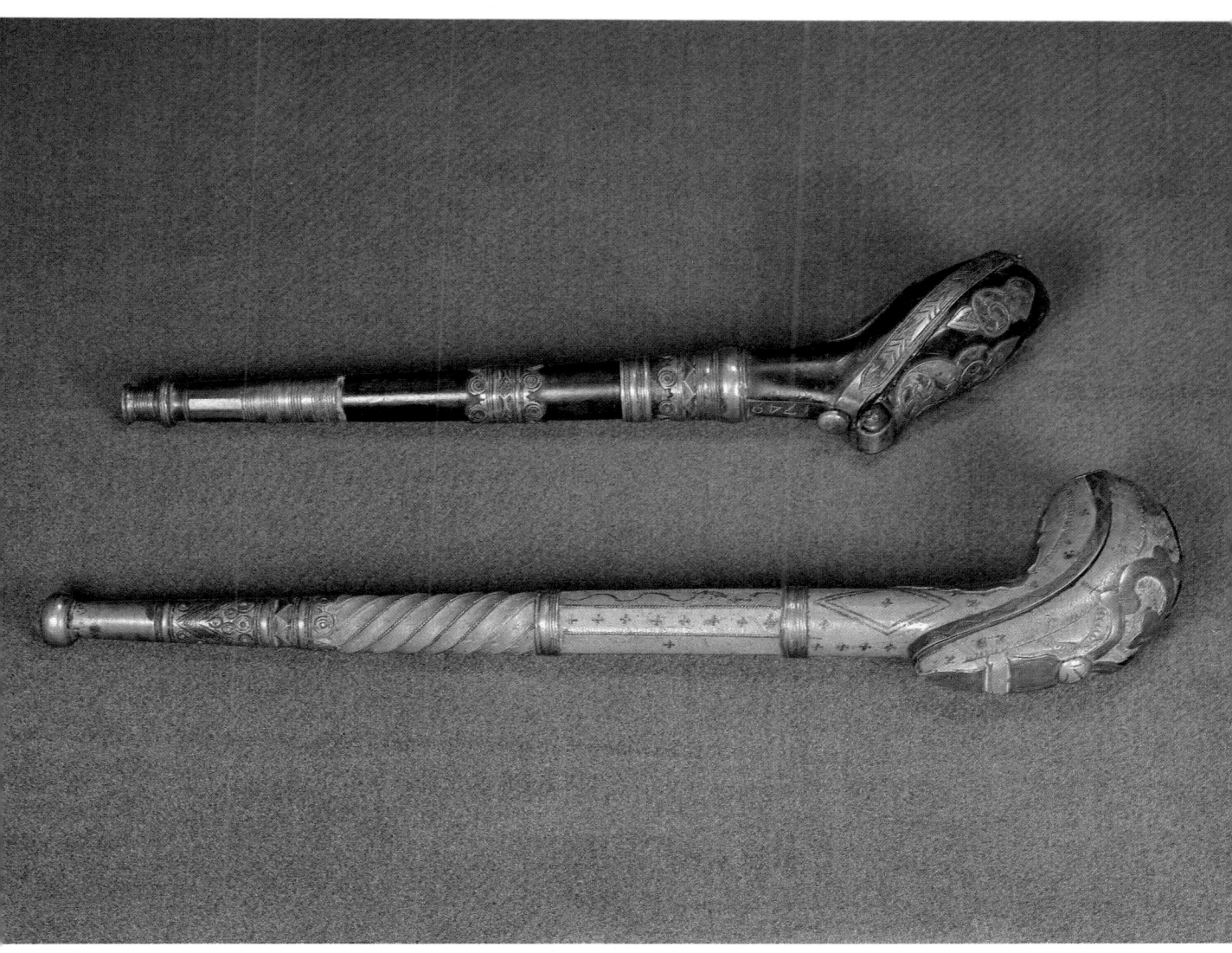

41 Zwei Etuis für Tonpfeifen. Holz auf Messing,
datiert 1749, L 27 cm und 24 cm.
Berlin, Märkisches Museum

50

42 Zwei Zinntabakdosen des Meisters Richard Pitt.
Die Gravur der linken Dose zeigt eine
Rauchergesellschaft. England, zweite Hälfte 18.Jh.,
H 14,6 cm und 14,3 cm.
London, Victoria and Albert Museum

*43 Tabakskollegium des preußischen Königs
Friedrich Wilhelm I. im Schloß Königs Wusterhausen.
Verschollenes Gemälde eines unbekannten Künstlers.*

44 *Tschibukpfeifenkopf. Roter Ton mit Golddekor,*
Türkei, 19.Jh., L 7,4 cm, H 4 cm. Sammlung Libert

45 *Napoleon als Kopf einer Gambierpfeife.*
Roter Ton, Frankreich, Ende des 19.Jh., H 6 cm.
Berlin, Märkisches Museum

54

46 Wiener Kaffeehauspfeife.
Ton mit gepreßtem Dekor,
Ende 19.Jh., H 7,7 cm.
Sammlung Libert

47 Tabaknegerin.
Reklamefigur eines
Tabakladens.
Holz mit polychromer
Bemalung,
Norddeutschland,
erste Hälfte 19.Jh.,
H 60 cm.
Schwedt (Oder),
Stadtmuseum

48 Tabakneger.
Hinweiszeichen eines
Bremer Tabakladens.
Zweite Hälfte 19.Jh.,
H 50 cm. Bremen,
Focke-Museum

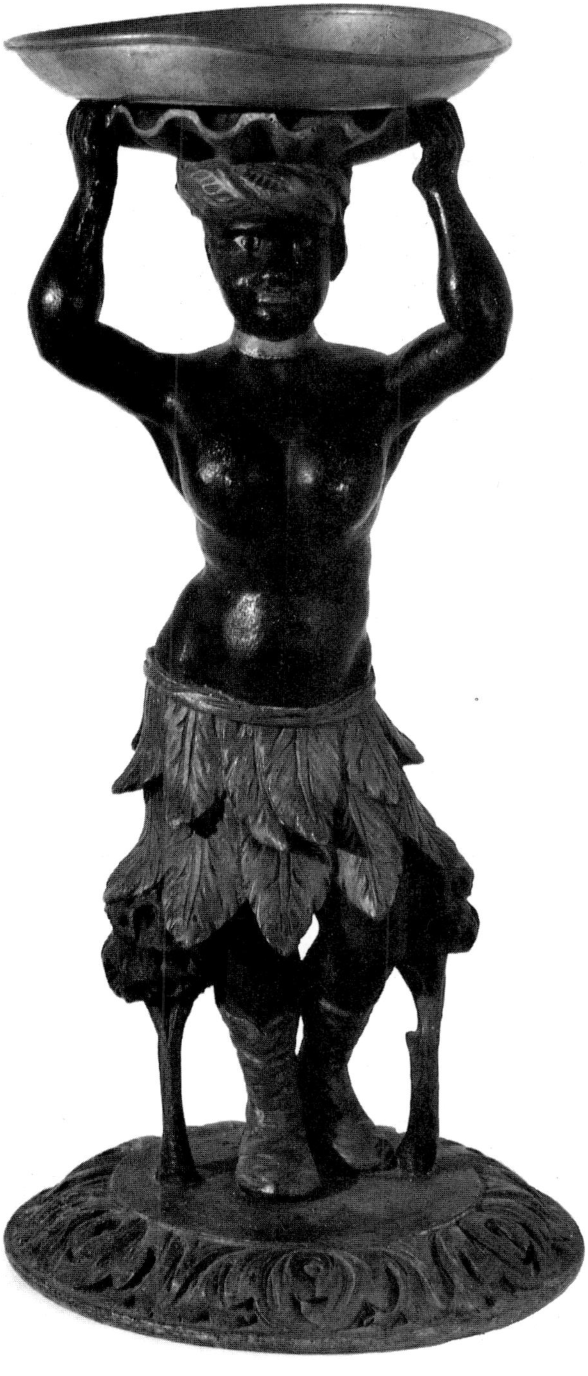

Cuba
Cuba
HABANA
100.
Habana

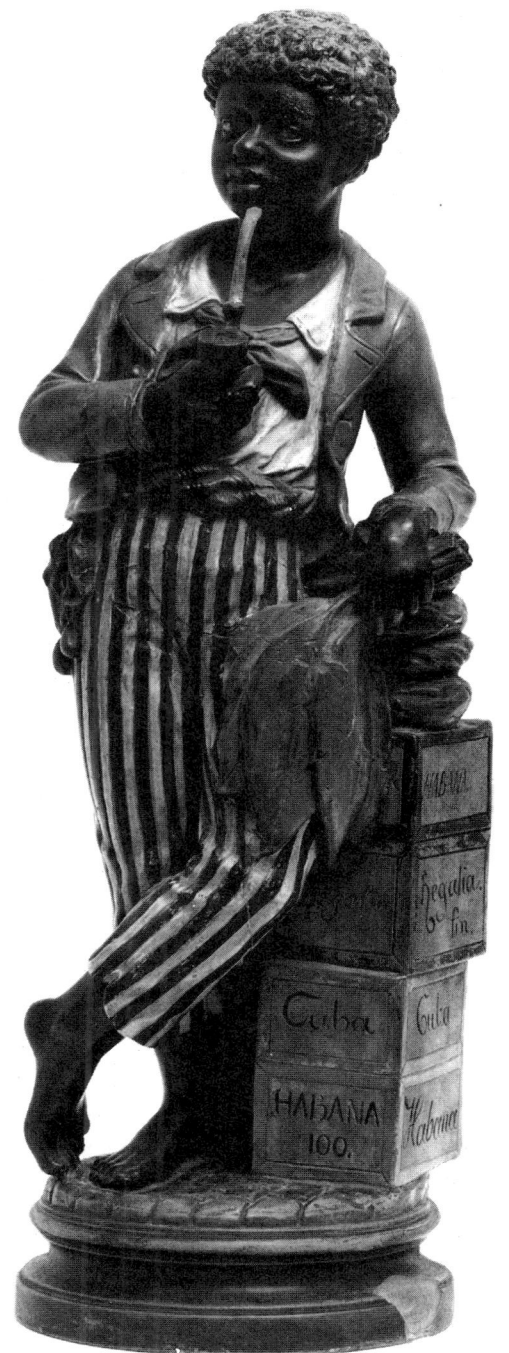

cop. n. J. Ch. Reinhart.

49 Johann Christian
Reinhard (1761–1847),
Friedrich Schiller als
Raucher.
Kolorierte Zeichnung.
Weimar, Nationale
Forschungs- und Gedenk-
stätten,
Goethe-Nationalmuseum

In der niederländischen und norddeutschen Volkskultur erlangte die Tonpfeife eine symbolische Bedeutung als Liebesgabe. Der Bräutigam erhielt eine lange, girlandenverzierte Bräutigampfeife, oder man überreichte ihm am Hochzeitstag eine mit zwei Köpfen ausgestattete Hochzeitspfeife. In Mecklenburg stellte die Brautmutter morgens zwei gekreuzte Tonpfeifen gut sichtbar ins Fenster, damit jeder sehen konnte: »Hier is' Hochtied!«

Mit dem Pfeifenreck kam ein neues Kleinmöbel in die Wohnungen. Die schönsten Stükke aus geschnitzten oder gedrechselten Rundhölzern wurden im 18. Jahrhundert in Friesland und Schleswig-Holstein angefertigt: mit filigranen Blumen- und Vogelmotiven geschmückte Ablagen, auf denen die Tonpfeifen in sägezahnförmigen Seitenteilen waagerecht lagen. Vorhandene Monogramme bei diesen Haltern können durchaus Frauennamen verbergen. Auch Frauen rauchten Pfeife und waren gelegentlich Besitzerinnen eines ihnen verehrten Pfeifenrecks.

Schlichte gedrechselte Pfeifenrecks fertigten örtliche Handwerker vor allem am Niederrhein als Auftragsarbeiten. Weiterhin gab es zur Aufbewahrung der Tonpfeifen aus Kiefernholz geschnitzte Kästen mit einem Schiebedeckel nach Art der Schülerfederkästen.

33

1803 besuchte Johanna Schopenhauer, die Mutter des Philosophen Arthur Schopenhauer, England. In ihren Aufzeichnungen berichtet sie auch von dem Aufenthalt in Holland und den dortigen Rauchgewohnheiten: »Der Rauchtabak, so ungern wir ihm das Wort reden, ist für die Bewohner dieser Moräste eine rechte Wohltat, auch gibt es wohl keinen Holländer, vom vornehmsten bis zum geringsten, der nicht rauchte. Die Weiber der untern Klasse, besonders die, so um ihres Gewerbes wegen viel im Freien sein müssen, die Fisch-, Fleisch-

und Gemüseverkäuferinnen, die Bäckerinnen, rauchen fast alle. Zuerst fällt es lustig auf, oft wohlgekleidete Weiber mit langen Pfeifen gravitätisch dasitzen zu sehen. Wie man uns erzählte, versagen sich die ältern Frauen des Mittelstandes, ja bisweilen auch die der höhern Stände nicht die Freude, zuweilen so ein kleines Rauchopfer zu bringen, doch behandeln sie diese Selbstindulgenz als ein Geheimnis, von welchem der Fremde nichts erfahren muß.«

57

Verwundert äußert sich die Reisende über die »Quespeldorjes«, zierliche Spucknäpfchen aus Porzellan oder weißem Glas, die in den Wohnungen und selbst in den reinlichen Gaststuben zur üblichen Ausstattung der Tafel gehörten. Nicht genannt wird hier ein weiteres Zubehör, der Pfeifenschlitten aus Porzellan, in dem nach dem Rauchen die Tonpfeife auskühlte. Mit Landschaftsmalereien verziert, waren diese Ständer gleichzeitig reizvolle Tischdekorationen.

34

Ende des 17. Jahrhunderts begann in den Niederlanden die Herstellung von Blechdosen zur Aufbewahrung rauchfertigen Tabaks. Die Wandung der ovalen und rechteckigen Dosen bestand aus Kupfer, Boden und der am Scharnier bewegliche Deckel waren aus Messing. Durch ihre Größe von 12 bis 15 cm Länge unterscheiden sich die Rauchtabakdosen von den Tabatieren für Schnupftabak. Besonders praktisch waren rechteckige Dosen mit abgerundeten Ecken, da man gleichzeitig die kurze Tonpfeife unterbringen konnte. Gravierte, später getriebene Szenen auf Boden und Deckel sind der zeitgenössischen graphischen Kunst entlehnt. Biblische, allegorische, mythologische und profane humorvolle Motive, kombiniert mit meist vierzeiligen Sprüchen, greifen in der Ausführung in die Volkskunst hinein. In Deutschland spezialisierte sich in

35

58 Iserlohn ein eigenes Gewerbe auf die Herstellung von Rauchtabakdosen. Zum Teil entstanden kompliziert gearbeitete Behälter, bei denen ein Schieber auf dem Deckel eine geschnittene Darstellung freigab. Typisch für Iserlohner Stücke wurden erhaben geprägte Bilder und Inschriften. Die Prägestempel erlaubten eine Serienproduktion. Eine frühe Iserlohner Arbeit zeigt unter einem säulengeschmückten Vestibül ein lustwandelndes Paar. Der Mann raucht eine lange Tonpfeife, unter der Gruppe trägt ein Band den Spruch: »Tabak kann Grillen und Sorgen stillen.« Großen Aufschwung nahm die Produktion während des Siebenjährigen Krieges (1756–1763), als man auf den Dosen Friedrich II. und dessen Kriegstaten verherrlichte. Nach Kupferstichen und Vorlagenblättern fertigten die Kunsthandwerker unzählige Dosen, auf denen der preußische König, dessen Generale oder deren Schlachten vorkommen. Aus der Ortslage von Iserlohn wird es verständlich, daß Kriegsereignisse aus den Rheingegenden überwiegen. Wohl alle Schlachtorte der drei Schlesischen Kriege lassen sich auf den Rauchtabakdosen belegen, bisweilen sind 14 Schlachtorte in zwei Reihen untereinander auf einen Deckel geprägt. Die Schlacht von Leuthen wird hier als »Lissa« bezeichnet. Fast stets ist der König als Ganzfigur, Kniestück, Porträt oder wenigstens dessen Monogramm vorhanden. Die zugehörenden Verse sind ebenfalls Propagandasprüche für den König. Eine Dose in einer Privatsammlung trägt auf dem Deckel in Versalien den Spruch:

»FRIEDERRICH MUSZ DOCH / FRIEDERRICH BLEIBEN WEN DEN SELBEN ZU VERTREIBEN / SICH DIE GANTZE WELT BESTREBET / ZITTERT FEINDE TRINCKET FREUNDE / FRIEDERRICH LEBET / FRIEDERRICH SETZ DEN HUT AUFS OHR / BLEIBET KÖNIG WIE ZU VOR.«

Die preiswerten Materialien und die hohe Prägefolge der Stahlstempel gestatteten es, die Iserlohner Dosen billig herzustellen. Sie fanden als populäre Werbemittel weite Verbreitung in allen Volksschichten. Für die Beliebtheit der martialischen Szenen spricht, daß noch fast ein Jahrzehnt nach dem Siebenjährigen Krieg neue Stempel mit den gleichen Themen entstanden. Nur wenige Stücke sind anderen Themen gewidmet. Zu diesen Ausnahmen gehören die volkskundlich interessanten Kalenderdosen, auf denen für die Landwirtschaft wichtige Daten vermerkt sind. Fehlerhafte niederländische Inschriften sollten eine Herkunft aus den Niederlanden vortäuschen. Nur wenige Handwerker sind durch ihre Signaturen bekannt. Als produktivster Hersteller galt Johann Heinrich Giese, dem auch die qualitätvollsten Arbeiten zugeschrieben werden. Weitere Meister waren Johann Heinrich Becker sowie Johann Adolph Keppelmann, der kaum mit vollem Namenszug signierte, sondern sich hinter den Abbreviaturen JAKM, KM oder JOHANN A K verbirgt. *37*

Für die Qualität der Iserlohner Dosen zeugt ihr Absatz in den Niederlanden, dem Ursprungsland derartiger Rauchtabakbehältnisse. Für niederländische Kunden hergestellte Dosen zeigen Szenen aus der Schiffahrt sowie biblische Motive.

Die Papiertüte, eine weitere Art der Tabakpackungen, hat ihren Ursprung in den Niederlanden. Die Bedeutung der mit Holzschnitten geschmückten Packungen reicht weit über kommerzielle Belange hinaus. Häufig entstanden Werke volkstümlicher Kleinkunst, deren Qualität sich an zeitgenössischen Bilderbögen messen läßt. Da niederländische Tabakmischungen auch außerhalb des Landes einen guten Ruf hatten, verbreitete sich mit ihnen diese Form der Verpackung. Man übernahm andernorts die Gestaltung und ahmte selbst niederländische Firmenzeichen nach. Der Staat trug nur dann Sorge für reelle Herkunftsangaben, wenn Zollbestimmungen verletzt wurden.

Größere Firmen verfügten über Hunderte von Kupfer-, Blei-, Messing- und Holzplatten mit Motiven, die in betriebseigenen Druckereien zur Anwendung gelangten. Die Werbetendenz der niederländischen Packungen basiert auf Tradition und Altehrwürdigkeit. Als Ausdruck gleichbleibender Qualität blieben diese Motive erhalten. Grob in Holzschnittmanier gedruckte Niederländer in barocker Kleidung und mit der obligaten Tonpfeife gehören unverändert zum Repertoire moderner Tabakpackungen.

Nach 1800 wurde eine weitere Art von Rauchtabakbehältnissen populär: runde Pappmachédosen, bei denen der Deckel – im Gegensatz zu den Tabatieren – nicht am Scharnier befestigt wurde.

Aus Kleinasien gelangte eine Pfeifenart nach Südeuropa, deren rotbrennender Ton eine glänzende, den römischen Terra-sigillata-Keramiken ähnelnde Oberfläche zeigt. Produktionsstätten dieser Pfeifen entstanden in Siebenbürgen in Rumänien und in Ungarn. Von der Konstruktion her gehören diese Pfeifen bereits zu den Gesteckpfeifen mit abnehmbaren Mundstücken. Reicher Goldzierat an den blumenartig geschweiften Köpfen deutet auf die enge Verwandtschaft mit den türkischen Tschibukpfeifen hin. Gegenüber den bis 2 m langen Rohren der orientalischen Pfeifen erreichten die in der k. u. k. Monarchie erzeugten nur eine Länge von 60 bis 80 cm.

Geschätzt war bei dieser Pfeifenart der milde, kühle Rauch. Als Sentenz ist der Titel eines Liedes aus der Volksliedsammlung »Des Knaben Wunderhorn« bekannt. Vollständig lautet die erste Strophe, deren erste Zeile mit dem Titel identisch ist:

> »Gott grüß Euch, Alter, schmeckt das
>   Pfeifchen?
> Weist her! – Ein Blumentopf
> Von rotem Ton mit goldnem Reifchen,
> Was wollt Ihr für den Kopf?«

Ein Zentrum für die Herstellung dieser Pfeifen war das siebenbürgische Birgautal. Innerhalb des örtlichen Töpfergewerbes nahm die Pfeifenproduktion, deren Export mehrere Zehntausend Pfeifen jährlich betrug, eine geachtete Stellung ein. Noch lange nach dieser Zeit blieb den Töpfern der Spottname »Pipari« (Pfeifenmacher).

Ungarische Pfeifentöpfer brannten rote und weiße Tonpfeifen in verschiedenen Ausführungen. Außer den flachen tschibukartigen Kolmaschpfeifen gab es Pfeifen mit halbhohen und hohen Köpfen (über 10 cm) mit eingepreßten Ornamenten. Diese, in der Regel achteckigen Pfeifenköpfe sind als Debrecener und Rákóczer Pfeifen bekannt.

Bei Ausgrabungen in Sofia bargen in den letzten Jahren Mitarbeiter des Geschichtsmuseums der bulgarischen Hauptstadt über 500 Pfeifen, die vom 16. bis 18. Jahrhundert in Gußformen gefertigt wurden. Fast ausnahmslos tragen alle Stücke plastischen Blumenschmuck, vorwiegend Narzissen *(Narcissus)* und Chrysanthemen *(Chrysanthemum)*.

Für die langrohrigen Pfeifen gab es Wandhalter, in denen vier bis sechs Pfeifen halbkreisförmig mit den Köpfen nach oben wie in einem Löffelbrett hingen.

Nach 1800 verloren die schlichten Tonpfeifen immer mehr an Bedeutung. 1832 wurde in Waldenburg die Steuerabgabe der Pfeifenmacher um die Hälfte gesenkt. Trotz dieser Begünstigung ließ sich der Niedergang des Gewerbes hier wie andernorts nicht aufhalten. Der letzte Waldenburger Pfeifentöpfer berichtete, daß seine Waren vor allem auf Jahrmärkten Absatz fanden, wo man die Tonpfeifen als Ziele in den Schießbuden verbrauchte.

Englische Pfeifenmacher ließen sich von der ersten Weltausstellung 1851 in London inspirieren. Nach absatzfördernden Porträtpfeifenköpfen mit den Bildnissen Admiral Nelsons, der Queen Victoria und schwarzgebrannten Negerköpfen gelangten technische Novitäten auf die Tonpfeifen. George Stephensons berühmte Lokomotive »Rocket«, Kricketspieler, Jockeis zeigen sich im Relief auf dem weißen Ton, oder man setzte plastische Figuren in Schwarz von dem weißgrundigen Pfeifenkopf ab. Der Einfluß zeitgenössischer Elfenbein- und Meerschaumschnitzerei ist unverkennbar, die Qualität der Vorbilder blieb jedoch unerreicht.

Anders in Frankreich. Hier erlangte die Tonpfeifenproduktion von Saint-Omer erst ihre wirksamste Phase, als in anderen Ländern kaum noch Tonpfeifen entstanden. 1765 gründete Charles-Doménique Fiolet in Saint-Omer eine Manufaktur. Sein Sohn beschäftigte bereits 700 Arbeiter, und in der dritten Generation stellte das Familienunternehmen jährlich über 10 Millionen Tonpfeifen her.

Die niveauvollsten Tonpfeifen kamen von der 1780 in Givet gegründeten Firma Gambier. Sorgfältige Verarbeitung reinsten Tons, Kunstgriffe bei der Herstellung wie das Polieren mit Alkohol verhalfen zu besonders gepflegten Pfeifen. Paßgenaue Hohlformen aus Metall ermöglichten eine Serienproduktion. Über die Grenzen Frankreichs hinaus erlangten die »Gambiers« große Beliebtheit wegen der volkstümlichen Gestaltung der Köpfe. Wahre Kunstwerke des Grotesken und Phantastischen gab es. Alle Berühmtheiten des 19.Jahrhunderts, Kaiser, Könige, Stars der Theater- und Opernwelt, sie alle fanden sich, ins Karikative verzerrt, auf Gambierpfeifen wieder. Napoleon, der Papst, Romanfiguren, der Kanalflieger Louis Blériot dokumentierten sich als dreidimensional umgesetzte Bilder.

Ein Firmenkatalog von 1900 führte 1600 verschiedene Modelle auf. Die Gestalter bewiesen ein gutes Gespür, für alle Käuferschichten zielgerichtete Angebote bereitzuhalten. Für Angehörige der freien Berufe – Mediziner, Rechtsanwälte, Künstler, Studenten – gab es Pfeifenköpfe in Gestalt von Totenschädeln und langrohrige Pfeifen, um die sich ein Gerippe wand. In vielen Varianten erschien der »wahre Jacob«, ein turbangeschmückter, vollbärtiger Porträtkopf. Über den Ursprung dieser Figur existieren mehrere Deutungsversuche. Man sah hier den alttestamentarischen Vater der zwölf Stämme Israels, den Apostel Jakobus, oder sogar einen Kolonialsoldaten des II.Kaiserreiches mit Namen Henri Jacob. Kennzeichen aller dieser Köpfe ist die Stirnbinde mit der Aufschrift: »Ich bin der wahre Jacob.«

Obwohl die Tonpfeife die billigste Pfeife war, mußte sie anderen Modellen weichen. Ihre Mängel bestanden neben der Zerbrechlichkeit in der geringen Aufnahme von Tabakkondensat und in dem keineswegs angenehmen Geschmack des Tonmundstücks an den Lippen. In Gouda, Purbeck in Südengland und im Westerwald werden heute schlichte Tonpfeifen hergestellt. Sie sind als preiswerte Gästepfeifen oder zum Erproben neuer Tabakmischungen geschätzt und tragen häufig ein Mundstück aus Kautschuk.

Gesteckpfeifen aus Holz, Meerschaum, Porzellan

Die Tonpfeife war lange die dominierende Pfeifenart, aber nie die einzige. Bereits Admiral Sir Walter Raleigh besaß eine aus Aststücken der Korkeiche. Bei den Landsknechten des Dreißigjährigen Krieges waren Bronzepfeifen beliebt, die man in die Stiefelschäfte anstatt in Etuis steckte. Seeleute fertigten auf ihren oft jahrelangen Reisen aus tropischen Hölzern und hohlen Fußknochen von Seevögeln Ersatz für zerbrochene Tonpfeifen. Selbst der bei Tonpfeifen technologisch bedingte Zapfen wurde mitgeschnitzt, häufig in standfester doppelter Ausführung.

Gedrechselte Holzpfeifen kamen am Ende des 17. Jahrhunderts im Französischen Jura, in der Gegend von Ulm und in den deutschen Mittelgebirgen auf. Im zweiten Viertel des 18. Jahrhunderts entwickelte sich ein eigenständiges Gewerbe, das hinsichtlich Qualität und Quantität nach etwa hundert Jahren den Höhepunkt erreichen sollte.

Typisch wurde die zusammengesetzte Form mit drei Hauptbestandteilen: dem senkrechten Rohr mit Mundstück, dem Pfeifenkopf und dem halbkreisförmigen Verbindungsstück, Stiefel genannt. Tabakkondensat sammelt sich in dem Mittelstück, die zerlegbare Pfeife läßt sich trockener rauchen und besser reinigen als die einteilige Tonpfeife.

Die dreiteilige Gesteckpfeife erlebte im 19. Jahrhundert ihre Blütezeit. Ihre Verbreitung beschränkte sich vor allem auf Deutschland, Österreich und einige Nachbarländer, während im übrigen Europa die zweiteilige Gesteckpfeife vorherrschte, bei der Kopf und Kniestück aus einem Teil bestehen.

Seit 1733 ist die Herstellung von Holzpfeifen in Ulm bezeugt, 1739 folgte Ruhla im Thüringer Wald und etwa gleichzeitig das Gewerbe in Nürnberg. 1747 begann die Ansiedlung von hundert Messerschmieden aus Ruhla in Eberswalde nördlich von Berlin. Mit der Gründung der dortigen Messer- und Stahlwarenmanufaktur entfiel für die in Thüringen verbliebenen Schmiede ein bedeutender Absatzmarkt. Sie waren gezwungen, sich ein neues Wirkungsfeld zu erschließen. Auf diese Weise kam es zu einer umfangreichen Pfeifenherstellung in diesem Gebiet. Die Produktion erfolgte vorwiegend in der Heimindustrie oder in Kleinbetrieben mit geringer Spezialisierung. Fachleute fertigten lediglich besondere Zubehörteile wie metallene Pfeifendeckel und aus Horn gedrechselte Mundstücke.

Bevorzugte Holzart für lange und halblange Pfeifenrohre war Weichsel. Neben der echten Steinweichsel *(Prunus mahaleb)* gelangten andere wildwachsende Prunusarten in den Handel. Weichselholz ergibt beim Rauchen einen aromatischen Geschmack, der von dem in der Rinde enthaltenen Kumarin kommt. Weichselrohren beließ man daher stets die Rinde. Baumschulen im österreichischen Burgenland zogen die für die Pfeifenherstellung benötigten gerade wachsenden Hölzer in den notwendigen Abmessungen.

Ebenfalls beliebt war das Holz des wildwachsenden Hartriegels *(Cornus sanguinea)*. Pfeifendrechsler des Biedermeier arbeiteten gern mit Teakholz, dessen dunkle Färbung hervorragend für Einlegearbeiten aus Draht und Perlmutt geeignet war. Pfeifenkopf und Kniestück fertigte man auch aus dem Wurzelholz des falschen Jasmin *(Philadelphus coronarius)*, den man »Pfeifenstrauch« nannte, und

62 aus Buchsbaum *(Buxus sempervirens)*, einem immergrünen Strauch aus dem Mittelmeergebiet. Buchsbaum erlangte durch die wirkungsvolle Maserung eine Vorrangstellung. Ersatz bei billigen Pfeifen lieferte das Holz des Feldahorn *(Acer campestre)*, oder unedle Hölzer erhielten einen Lacküberzug im gewünschten Farbton. Häufig kleidete man die empfindlichen Holzköpfe mit einem Blechfutter aus. Ein besseres Verfahren, um die Glimmfähigkeit des Holzes herabzusetzen, war das Tränken mit Lösungen aus Kolophonium, Talkum und Terpentin. Kochsalz, Essig und Kieselgur festigten die Faserstruktur.

Große Handfertigkeit verlangte das Bohren des Pfeifenkopfes mit dem zweiteiligen, verstellbaren Zirkelschneider. Bei verschiedenen Modellen schließt der Holm nicht senkrecht an den Kopf, oder beide Teile bestehen nur aus einem gebogenen Stück. Hier kam es darauf an, den Rauchkanal an der richtigen Stelle austreten zu lassen. Als Spezialwerkzeug diente ein entsprechend gebogener Kniebohrer.

Ein idealer Ersatzstoff für die Mundstücke aus Horn wurde um 1850 der Hartgummi.

Alter wie Herkunft der Holzpfeifen sind häufig schwer zu bestimmen. Eine Ausnahme stellen Ulmer Pfeifen dar, bei denen aus Reklamegründen Ende des 19. Jahrhunderts an der Nuß, dem Verbindungsstück zwischen Rohr und Mundstück, die Aufschrift angebracht wurde: »I bi vo Ulm« (Ich bin aus Ulm). Hinweise über die Herkunft können regional vorherrschende Typen und bestimmte Holzarten geben. So bevorzugte man in Italien das Holz des Ölbaumes *(Olea europaea)* und in Finnland das Wurzelholz der Zwergbirke *(Betula nana)*.

Von den Schweizer Pfeifen wird behauptet, daß nahezu jedes Gebirgstal eine eigene Form

50 Gedrechselte Holzpfeife. 19. Jh., L 120 cm. Brandenburg, Heimatmuseum

besäße. Kurze Gesteckpfeifen sind die »Schwyzer Älplerpfeife«, die »Uechtländer« und die »Maiche«. Ein gebogenes Mundstück kennzeichnet die »Waadtländer Pfeife«.

Erst nach 1850 nahmen Tabakgeschäfte Pfeifen in ihr Angebot auf. Vorher vertrieben ambulante Händler die von den Drechslern erworbenen Modelle. Mit den umherziehenden Pfeifenhändlern, die häufig selbst Pfeifenmacher waren, konnten regionale Formen in anderen Landschaften heimisch werden. Ihre enge Verwandtschaft mit den thüringischen Pfeifen verraten die aus dem böhmischen Proseč.

Gedrechselte und geschnitzte Pfeifen unterscheiden sich in ihrer Konstruktion nicht voneinander, abgesehen von den Schnitzobjekten reiner Volkskunst. Gedrechselte Pfeifen verzierte man häufig zusätzlich mit Schnitzereien. Heraldische Darstellungen oder Tiermotive wurden mit dem Stichel ausgearbeitet.

In dem Gebiet um Salzburg entstanden originelle Holzpfeifen, deren Kopf figürlich gestaltet war, etwa als sitzender Pudel.

Neben den geschnitzten Pfeifen der professionellen Hersteller gab es die volkskünstlerische Pfeifenschnitzerei, die von Franken bis in die alpinen Gebiete dort aufkam, wo Schnitztraditionen bereits bestanden. Realistische Jagdmotive und jagdbares Wild weisen auf Jäger und Waldarbeiter als Produzenten hin.

Vermutlich unter den geschickten Händen eines Schäfers entstand eine heute im Schloß Cappenberg in Westfalen befindliche Holzpfeife, deren Rohr in einer Durchbrucharbeit endet, die einen Mann zeigt, zwischen dessen Beinen sich ein Lamm befindet. Beide Arme der Figur umfassen den gefäßförmig gestalteten Pfeifenkopf. Die unproportionale Ausführung weist die Pfeife einem Laienkünstler zu.

Gelegentlich lassen sich reizvolle individuelle Schöpfungen bemerken, die im Gegensatz zur sonst üblichen Laienschnitzerei an Gebrauchsgegenständen derb-groteske Züge tragen, für die sich Parallelen nur an Masken finden lassen.

Ein umfangreiches Pfeifenschnitzerhandwerk bestand im 19. Jahrhundert in der Rhön. Das Schnitzen von Zier- und Gebrauchsgegenständen war ein traditioneller Nebenerwerb der Bauern. Es bildete sich ein eigener Berufsstand der Pfeifenschnitzer heraus, die ihre fertige Ware an Aufkäufer nach Ruhla lieferten. Neben den herkömmlichen Holzarten suchte man skurril geformte Astgabeln, knorrige Wurzeln und das als griffig empfundene exotische Teestaudenholz zur Verarbeitung.

Am Ende des vergangenen Jahrhunderts wurden bärtige Porträtköpfe mit der für die französische Armee charakteristischen flachen Schirmmütze ein Modeartikel. Ähnliche anthropomorphe Pfeifen waren zur gleichen Zeit in Frankreich beliebt, hier allerdings in Gestalt eines Kolonialsoldaten mit einem Sonnenschutztuch am Nacken.

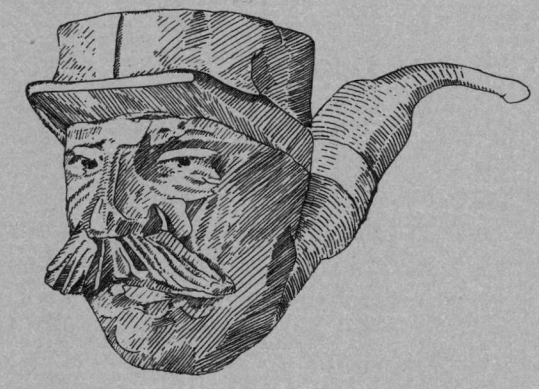

51 Franzosenkopf. Geschnitzte Holzpfeife, Deutschland, Ende 19. Jh.
Schwedt (Oder), Stadtmuseum

Im Deutsch-Dänischen Krieg 1864 galt bei Offizieren und Mannschaften auf beiden Seiten die kurze Feldpfeife als unentbehrlich. Der zugehörige Tabakbeutel hing üblicherweise an einem Uniformknopf. Im Militärjargon nannte man die kurzen Maserkopfpfeifen »Sauzahn«. Ihre Weiterentwicklung fanden diese Militärpfeifen in der »Rabiche«, einer Deckelpfeife, die im Stellungskrieg des ersten Weltkrieges in den vorderen Gräben ein funkenfreies Rauchen ermöglichte. 1977 starb ihr Schöpfer Victor Rabichon in seinem französischen Heimatort Athis-Mons, er war einer der wenigen namentlich bekannten Konstrukteure klassischer Pfeifenmodelle.

In enger Beziehung zur geschnitzten Holzpfeife steht die Meerschaumpfeife, als deren Erfinder der ungarische Schuster Karl Korvacs gilt. 1723 übergab ihm Graf Andrássy als Mitbringsel aus der Türkei einen Meerschaumblock mit dem Wunsch, hieraus von den geschickten Händen des Schusters etwas geschnitzt zu bekommen. Von der Porösität des neuen Materials angeregt, fertigte Korvacs je eine Pfeife für sich und den Auftraggeber. Zufällig kam er auf den Kunstgriff, die Pfeife mit Wachs einzureiben, wodurch eine gelbliche Tönung hervortrat, die mit jedem Rauchen zu einer dauerhafteren rotbraunen Patina wurde. Die Originalpfeife des Schnitzers soll später in das Budapester Museum gelangt sein, ihr späterer Verbleib ist unbekannt.

Meerschaum ist ein Magnesiumsilikat, das in weißen bis gelblichen Knollen im Serpentin vorkommt. Die wissenschaftliche Fachbezeichnung lautet Sepiolith. Das poröse Material hat eine gute Aufsaugfähigkeit und ist leicht zu bearbeiten. Keine andere Pfeifenart läßt sich vom ersten Tag an so gut rauchen wie eine Meerschaumpfeife, die sofort das Tabakaroma voll zur Geltung bringt. Meerschaum ist die verballhornte Form der levantischen Handelsbezeichnung Mertschcavon. Die türkische Bezeichnung Lutetaschi (Pfeifenstein) legt die Vermutung nahe, daß die Vorzüge für Raucher bereits vor dem ungarischen Schuster bekannt waren.

Erst nach 1750 setzte die kommerzielle Herstellung von Meerschaumpfeifen an den traditionellen Pfeifenschnitzerorten ein.

Zeitgenossen berichten, daß Hieronymus Carl Friedrich von Münchhausen (1720–1797), der zum historischen Vorbild für die ergötzlichen Lügengeschichten des »Barons Münchhausen« wurde, eine Meerschaumpfeife besaß: »Fast nur im vertrauten Kreise von Freunden und Bekannten war er zum Erzählen zu bringen, gewöhnlich nach dem Abendessen, nachdem sein kolossaler Meerschaumkopf mit kurzem Rohr in Rauch gesetzt war und ein dampfendes Glas Punsch vor ihm stand. Fing das Gespräch an, lebhafter zu werden, so wirbelten auch die Wolken aus seiner Pfeife immer dicker empor.«

Mit den gleichen Instrumenten, mit denen sie die Holzpfeifen schnitzten, konnten die Pfeifenmacher auch das neue Material bearbeiten. Schneiden, Drechseln, Bohren, Feilen blieben die wichtigsten Arbeitsgänge. Häufig stellten die Pfeifenmacher ihre Werkzeuge selbst her. Als Sägeblatt zum Teilen der Meerschaumblöcke arbeitete man die Feder einer Uhr um oder nahm lediglich einen straff eingespannten Messingdraht. Die Hauptarbeit erfolgte mit speziellen Schnitzmessern. Branntwein, Terpentin- und Leinöl, Schachtelhalm (*Equisetum arvense*), Kreide und Asche gemixt ergaben eine Politur für die minutiös geschnitzten Pfeifenköpfe. Glatte Köpfe wurden nur mit einem Flanelltuch gerieben, nach dem wachsartigen Glanz hießen sie Wachsköpfe.

GESTECKPFEIFEN
AUS HOLZ, MEERSCHAUM, PORZELLAN

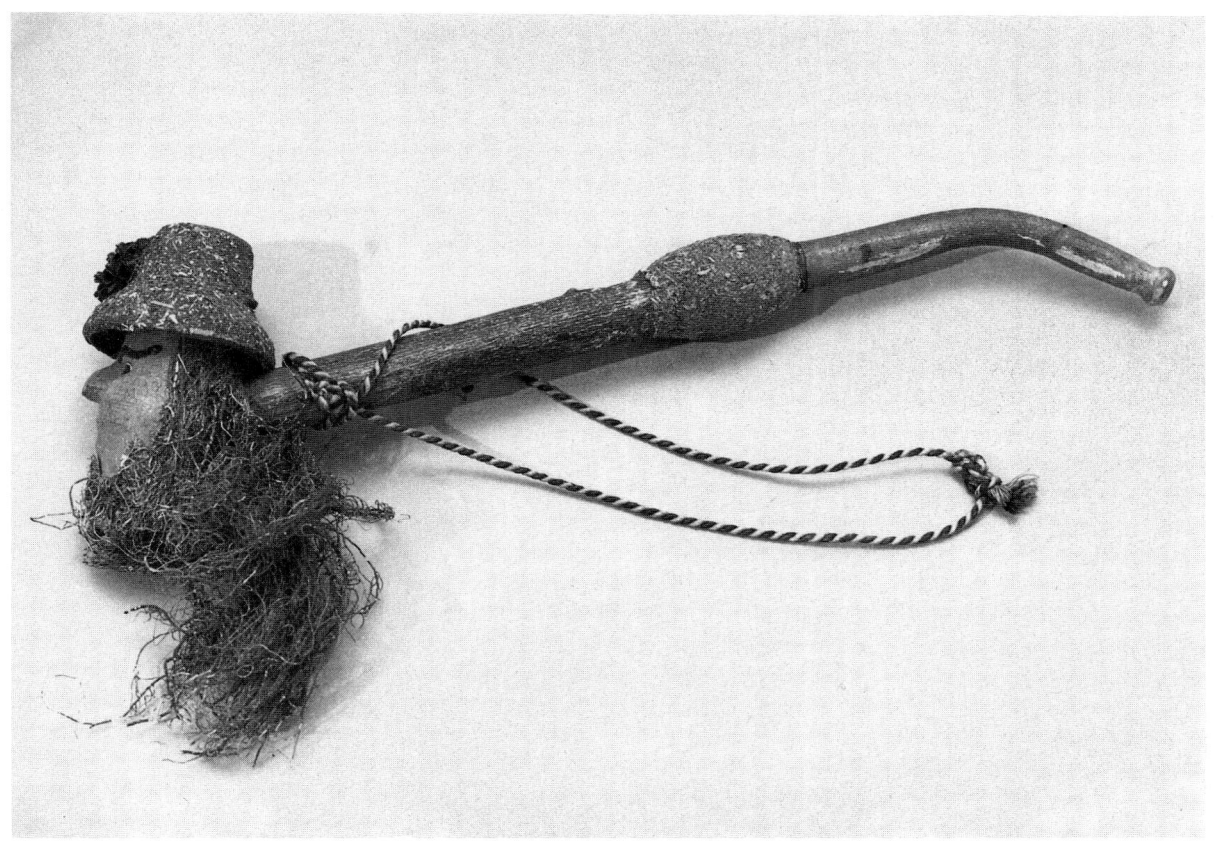

52 Zweiteilige Pfeife aus Wurzelholz.
Vermutlich Schlesien, 19.Jh.,
L 21 cm. Schwedt (Oder), Stadtmuseum

53 Fayencepfeifenkopf. Ansbach, Franken, um 1740, L 6 cm, H 5 cm. Nürnberg, Germanisches Nationalmuseum

54, 55 Tabakbeutel aus Samt mit Stickerei auf Vorder- und Rückseite. Deutschland, 1841, B 17 cm, H 20 cm. Leipzig, Museum für Geschichte der Stadt

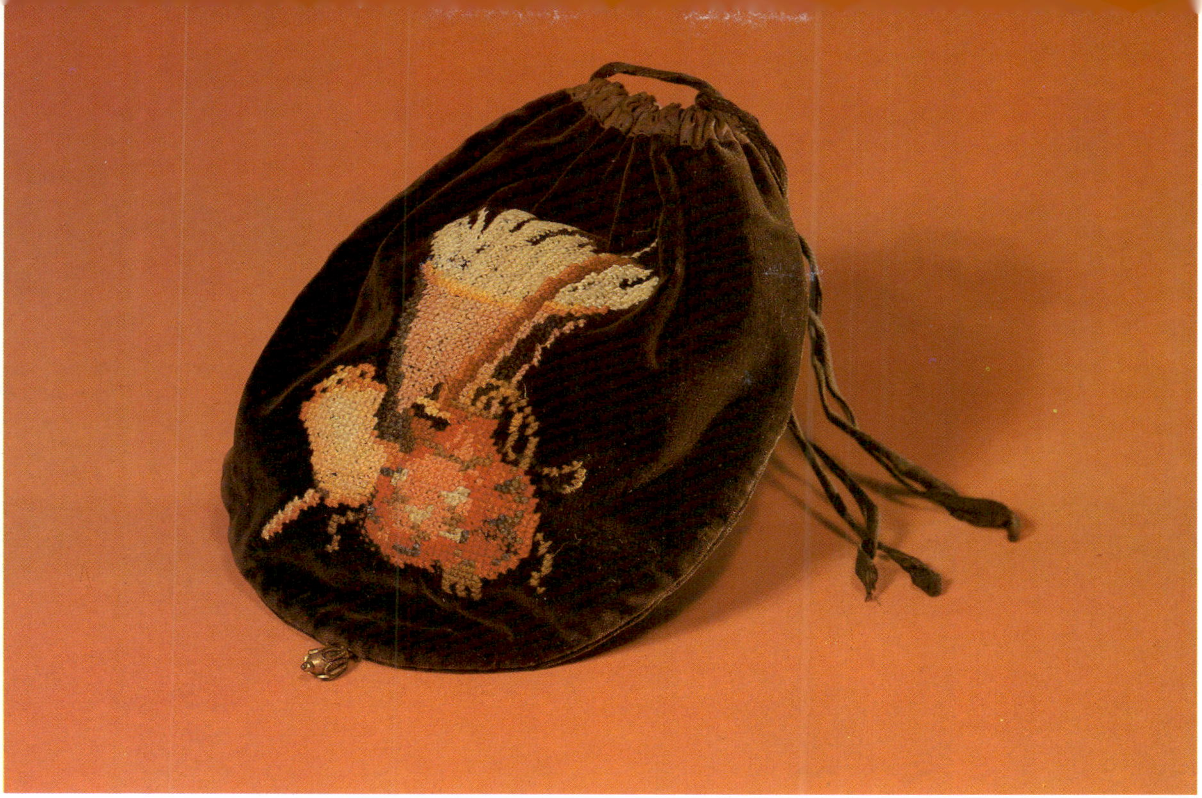

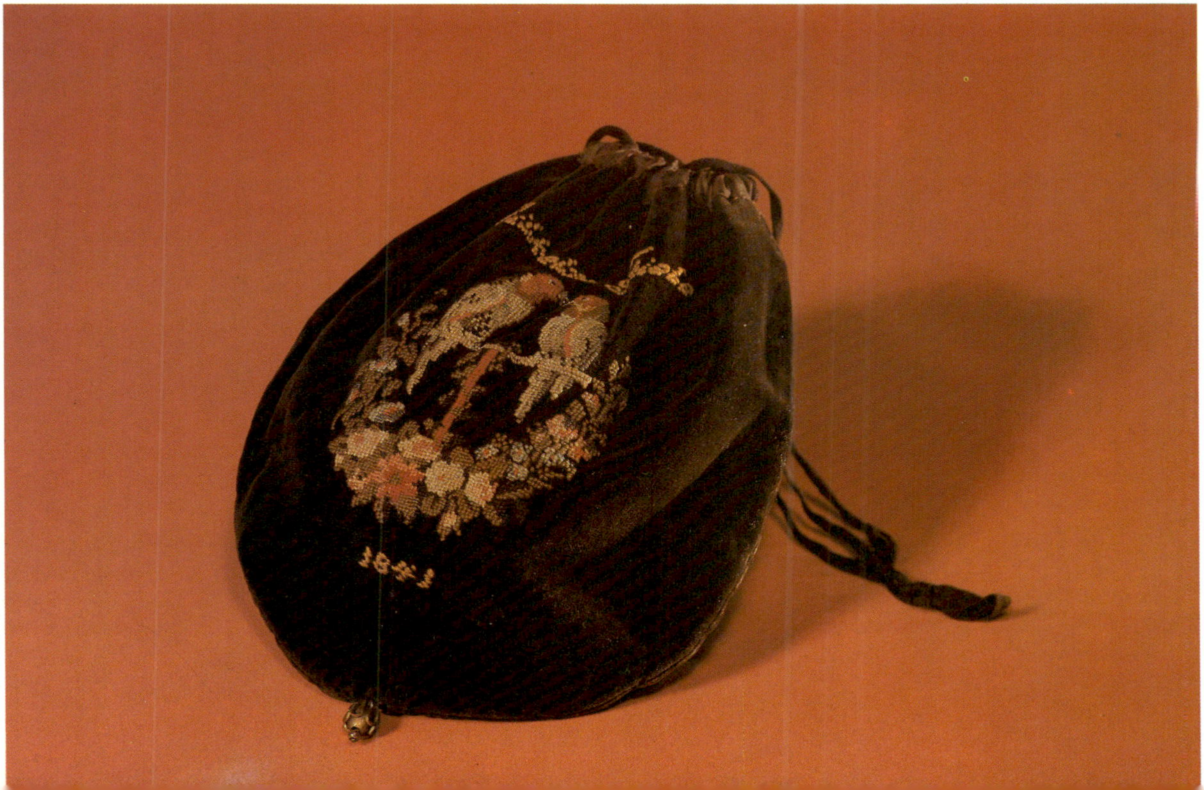

56 *Doppelseite aus einem Musterbuch*
der Firma Gebr. Ziegler. Ruhla, Thüringen,
erste Hälfte 19. Jh., 23,5×31,2 cm. Sammlung Thiel

57 *Pfeife mit glattem Meerschaumkopf,*
Silberdeckel und Perlrohr der Firma Gebr. Ziegler.
Ruhla, Thüringen, um 1830, H 48,5 cm.
Sammlung Thiel

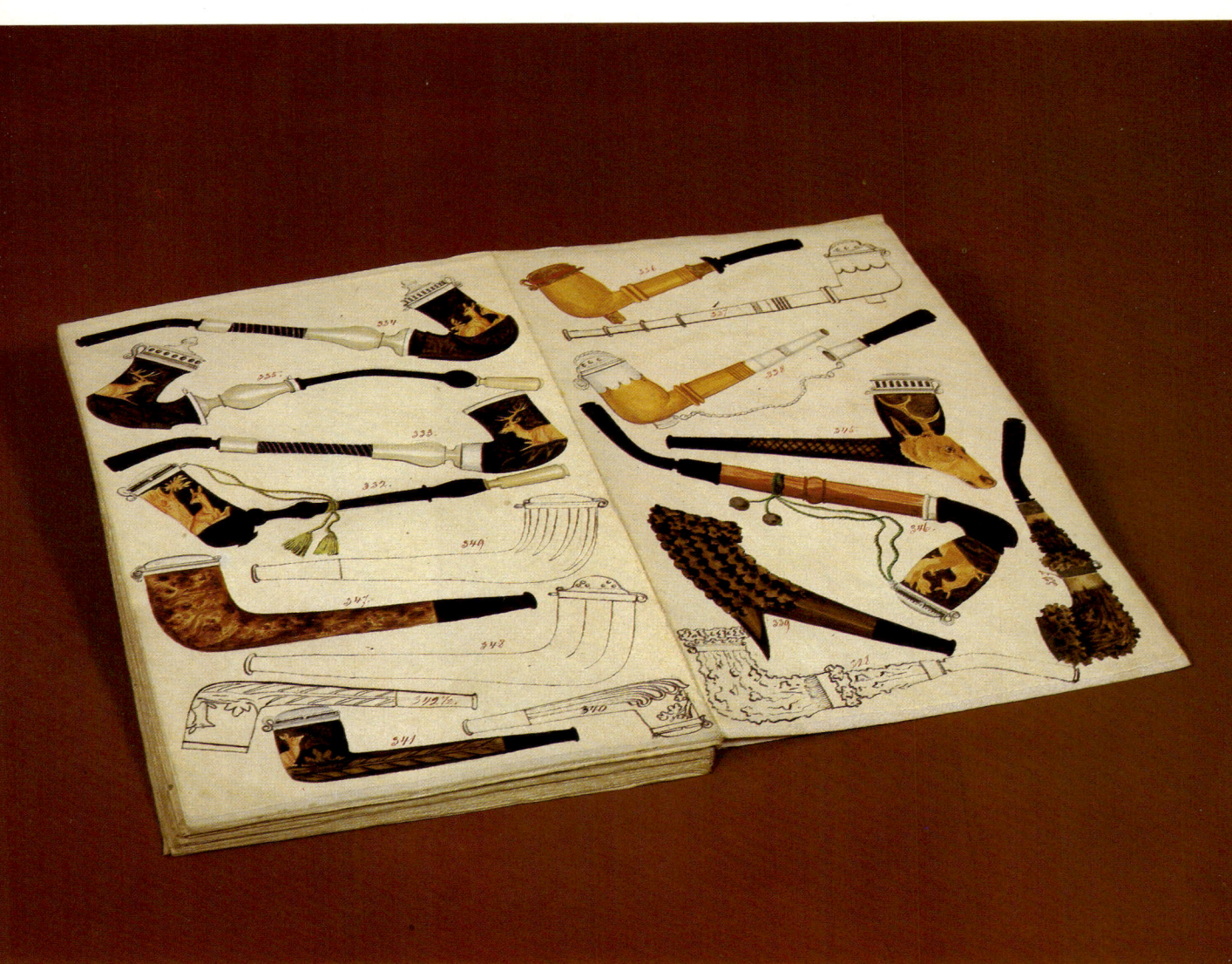

70

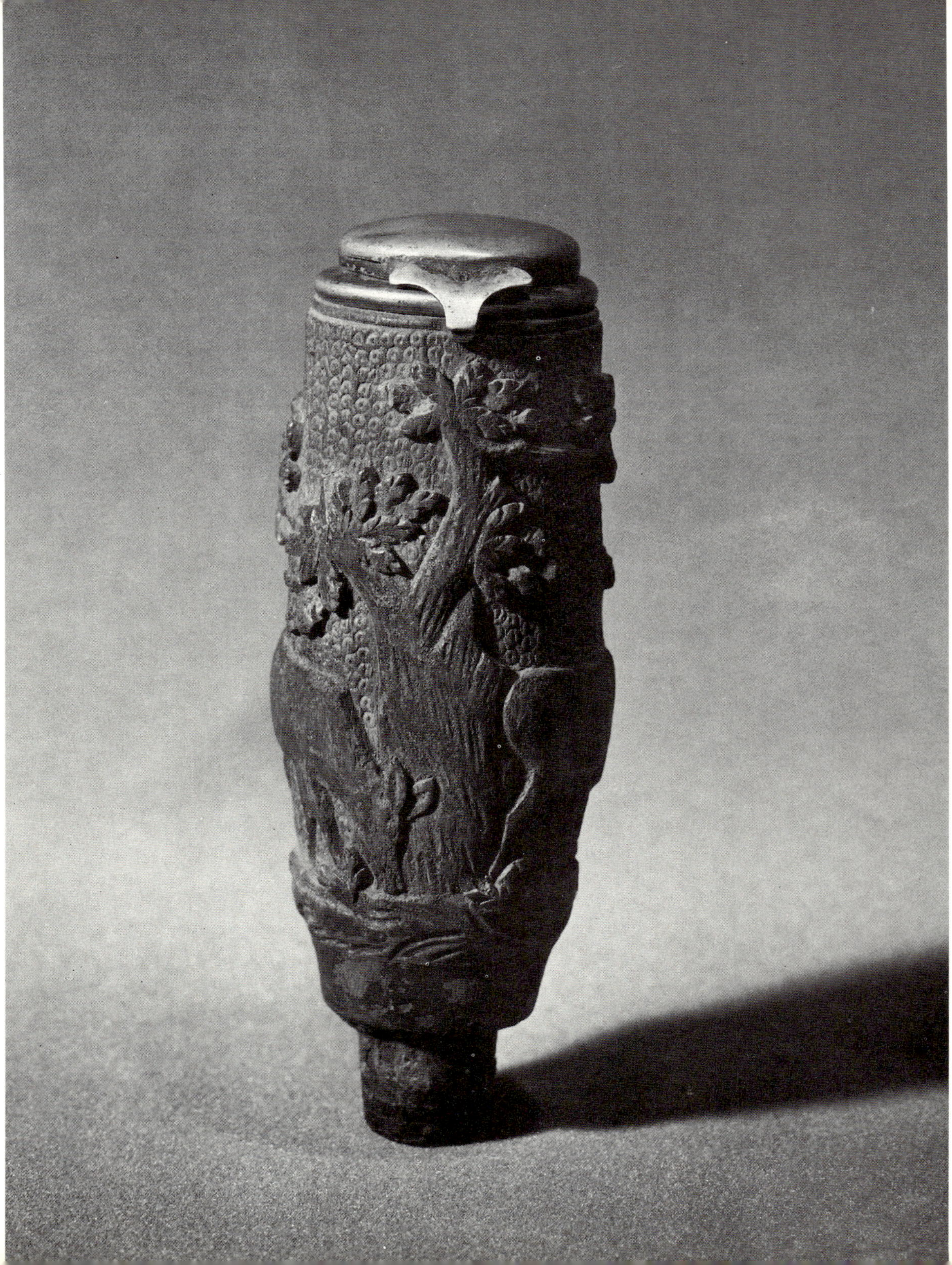

58 Kopf einer dreiteiligen Gesteckpfeife.
Reliefschnitzerei mit Rehen im Wald
als umlaufendes Motiv.
Norddeutschland, vermutlich Ende 18. Jh.,
H 8 cm. Schwerin, Historisches Museum

59 Entwurf eines Pfeifenkopfes von
Moritz von Schwind aus dem
»Almanach von Radierungen . . .«,
Zürich 1844

60 Umsetzung des gleichen Motivs
in einer geschnitzten Pfeife.
Buchsbaum, nach 1843,
L 37 cm, H des Kopfes 8,5 cm.
Berlin, Museum für Deutsche Geschichte

*61 Pfeifenkopf
aus Meerschaum
mit Einlegearbeit.
18. Jh., H 13 cm.
Berlin, Museum
für Deutsche
Geschichte*

*62 Meerschaum-
pfeifenkopf
mit Ritzdekor.
Vermutlich
Mitte 19. Jh.,
H 8 cm.
Schwerin,
Historisches
Museum*

64 Friedrich Moosbruger (1804–1830).
Der Architekt Friedrich Eisenlohr im Kreise
seiner Freunde.
Die jungen Männer rauchen die Tschibuk
sowie die halblange und die lange Porzellanpfeife.
Öl auf Leinwand, 31,3×39,4 cm.
Karlsruhe, Staatliche Kunsthalle

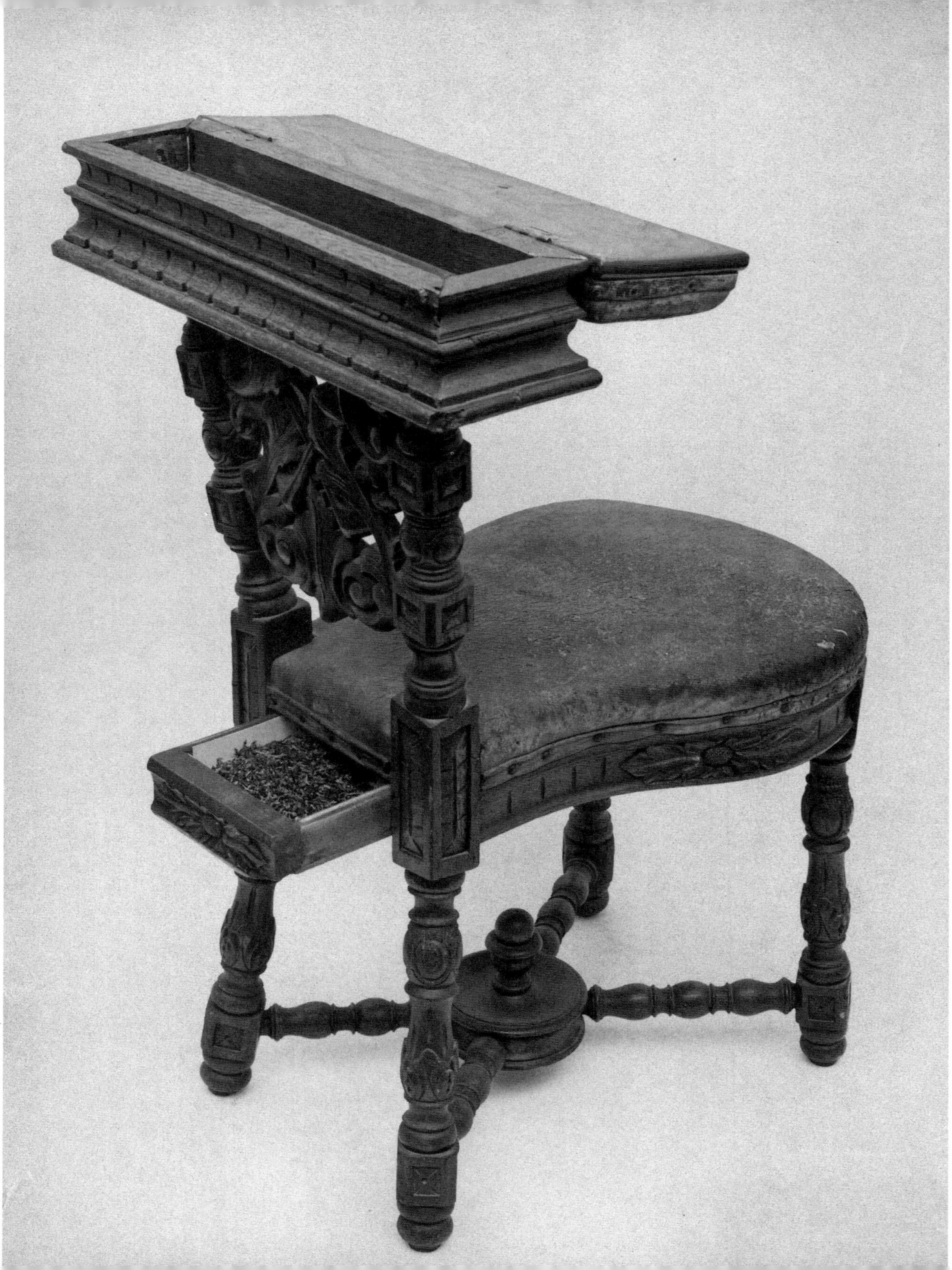

65 Raucherstuhl mit aufklappbarer Lehne und Fach für das Rauchzubehör. Der Stuhl wurde rittlings besetzt und stand sicher in einem Tabakskollegium. Der geschnitzte Zierat mit den gekreuzten Pfeifen weist auf den Zweck hin.
Holz mit Lederbespannung, Norddeutschland, Anfang 19.Jh., vermutlich nach älterem Vorbild.
Bremen, Focke-Museum

66 Holländischer Pfeifenstopfautomat.
Wenn in den Schlitz ein Cent-Stück gesteckt wurde, ließ sich der Deckel öffnen und gab Tabak für eine Pfeife frei. Aufschrift auf dem Deckel: Voor en Cent stopt u een Pyp Tabak.
Holz, um 1820, L 25 cm, B 13,5 cm, H 13 cm.
Bremen, Focke-Museum

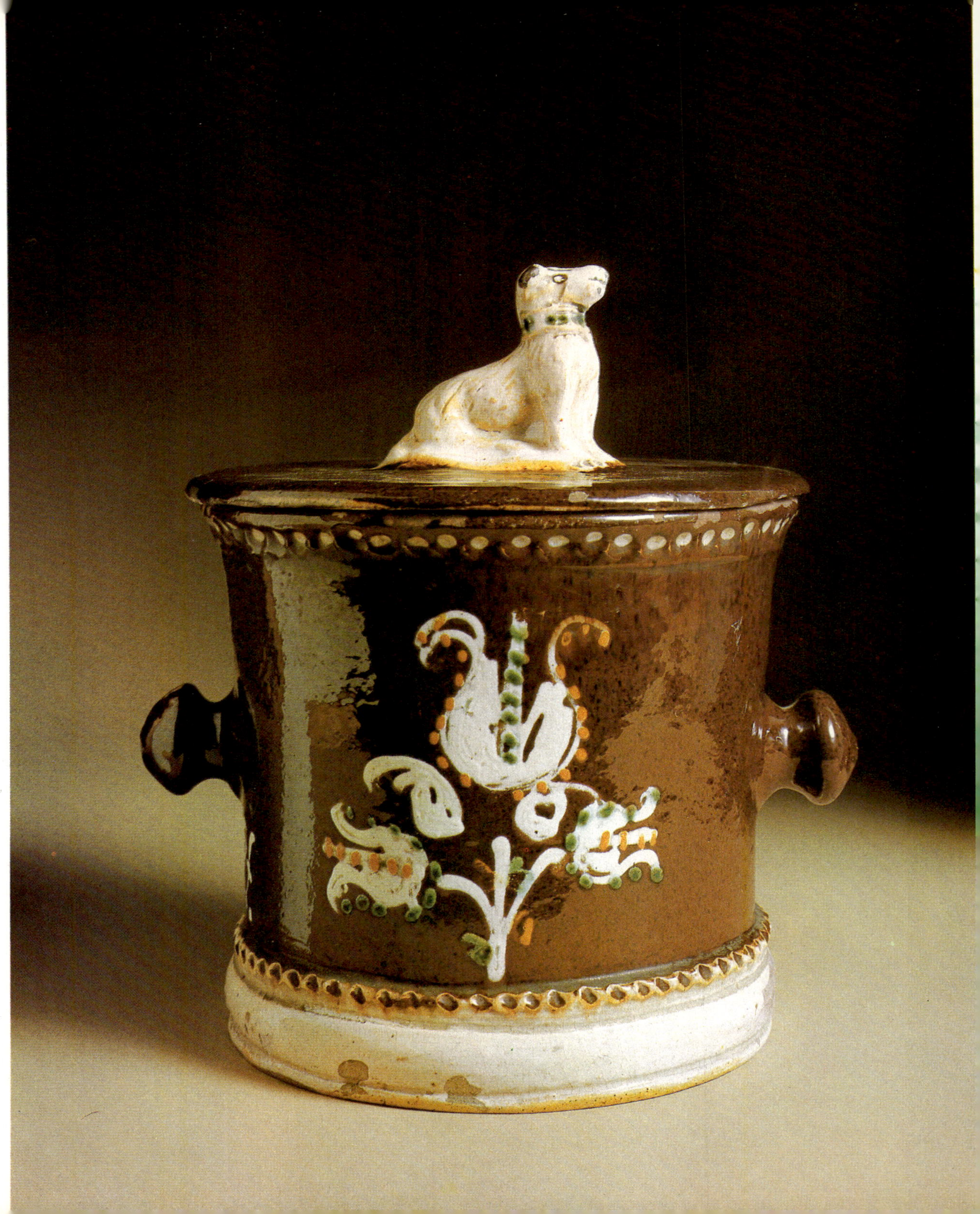

Vorhergehende Seiten:

67 *Tabaktopf. Hartgebrannte Irdenware,*
wahrscheinlich Westsachsen, erste Hälfte 19. Jh.,
H 20,2 cm. Dresden, Staatliche Kunstsammlungen,
Museum für Volkskunst

68 *Porzellanpfeifenkopf mit Chinoiserien.*
18. Jh., H 12 cm. Berlin, Museum für Deutsche Geschichte

69 *Zwei Porzellanpfeifenköpfe, Mitte 18. Jh.*
Frauenkopf mit polychromer Bemalung, signiert Meissen,
H 6 cm; der andere mit Rosendekor, Thüringen, L 6,4 cm.
Sammlung Libert

70 *Pfeife mit Porzellankopf, Deckel aus Messing*
mit Plastik eines rauchenden Türken. Ende 18. Jh.,
H des Kopfes 9,5 cm. Berlin, Museum für Deutsche
Geschichte

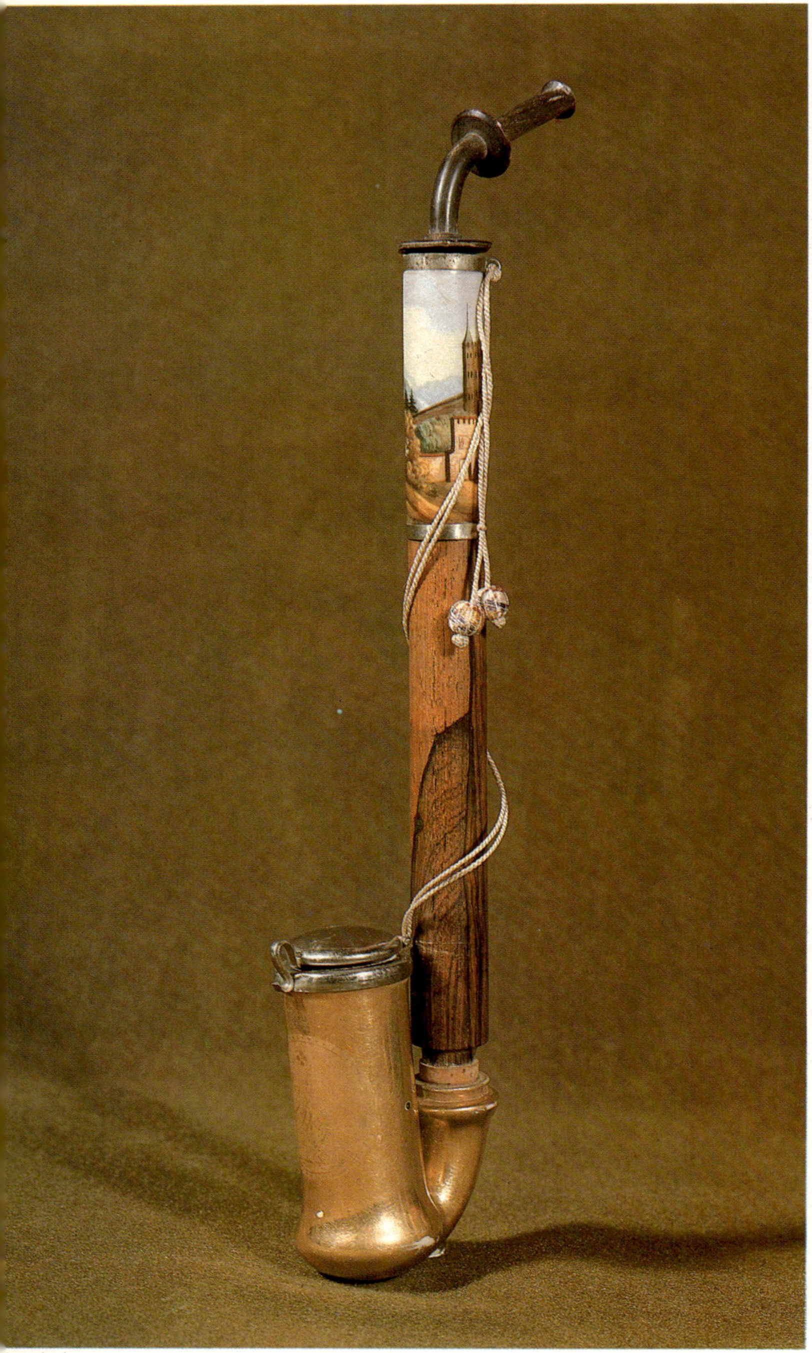

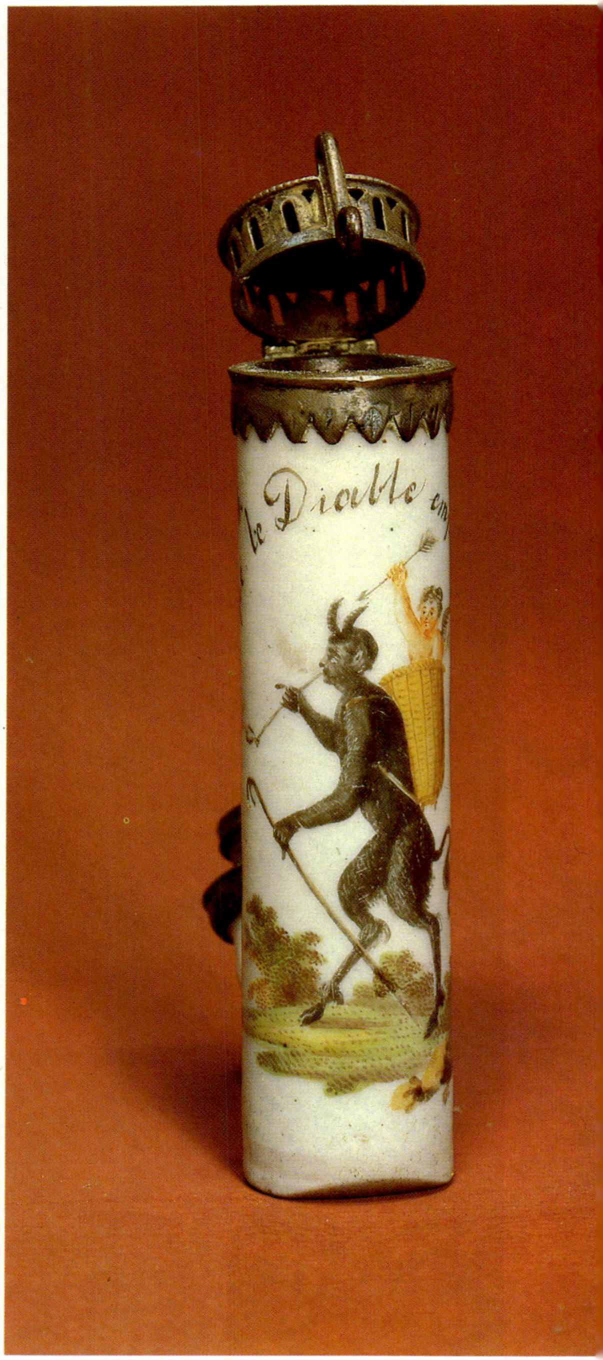
le Diable

71 *Porzellanpfeife*
mit vergoldetem Kopf.
Vermutlich Ende 18. Jh.,
H des Kopfes 11 cm.
Berlin, Museum
für Deutsche Geschichte

72 *Porzellankopf einer*
zweiteiligen Gesteck-
pfeife, Deckel aus
Silberblech.
Über dem Bild eines
rauchenden Teufels
der Spruch: Vive la
Pipe le Diable emporte
l'amour (Es lebe die
Pfeife, der Teufel soll die
Liebe holen). Frank-
reich, 19. Jh., H 10,5 cm.
Berlin, Museum für
Deutsche Geschichte

73 *Gesteckpfeife*
mit Porzellankopf,
auf dem eine Stadt-
ansicht von Nürnberg
abgebildet ist.
Mitte 19. Jh., L 46 cm.
Berlin, Museum für
Deutsche Geschichte

74 Pfeifenkopf aus Porzellan mit den Porträts von Franz II. von Österreich, Alexander I. von Rußland und Friedrich Wilhelm III. von Preußen. Thüringen, Anfang 19. Jh., H 15 cm. Berlin, Märkisches Museum

75 Porzellanpfeifenkopf mit dem Wappen der Familie von Osten. Deutschland, Ende 19. Jh., H 12 cm. Berlin, Märkisches Museum

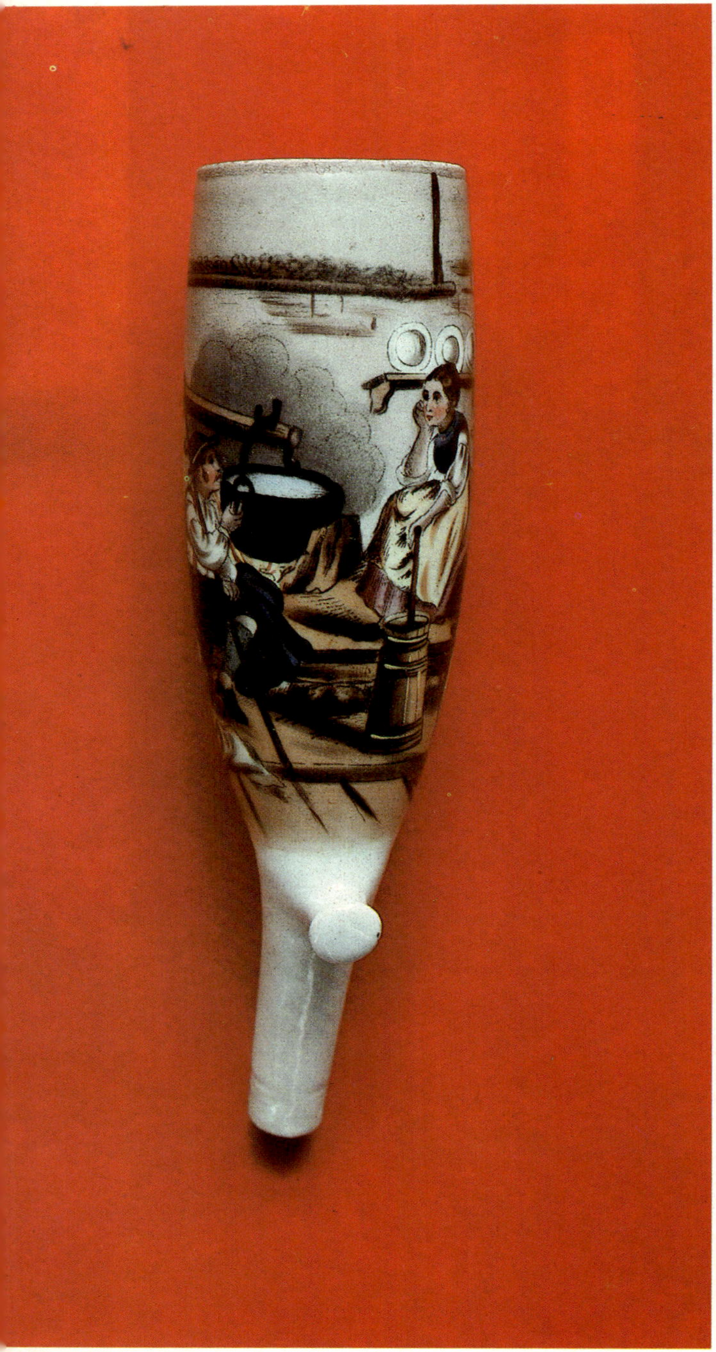

76 Porzellan-
pfeifenkopf
mit Darstellung
einer Tiroler
Bauernfamilie.
Zweite Hälfte 19. Jh.,
H 8,6 cm.
Schwerin,
Historisches
Museum

77 Porzellan-
pfeifenkopf
mit der Umschrift:
Wie glücklich
lebt ein Oeconom.
Deutschland,
Ende 19. Jh.,
H 9 cm.
Schwerin,
Historisches
Museum

78 Porzellan-
pfeifenkopf.
Zwei Jäger
betrachten auf
einer Lichtung
zwei ruhende
Mädchen.
Umschrift:
Des Jägers
liebstes Wild.
Deutschland,
Ende 19. Jh.,
H 13,5 cm.
Schwerin,
Historisches Museum

88

79 Porzellan-
pfeifenkopf
einer Reservisten-
pfeife.
Auf der Rückseite
sind die Namen
der Angehörigen
der Einheit
eingetragen.
Blechdeckel in
Gestalt einer
Pickelhaube.
Deutschland,
datiert 1903,
H 14 cm.
Schwedt (Oder),
Stadtmuseum

Geringe Abweichungen existierten bei der Bearbeitung in den einzelnen Zentren. Im westfälischen Lemgo verarbeiteten die Pfeifenmacher trockene Meerschaumblöcke, von denen nur mit einem Messer Unreinheiten oder anhaftender Schmutz beseitigt wurden. In Wien und Ruhla wässerte man die Blöcke vor dem Sägen. Unterschiede in der Festigkeit oder den Raucheigenschaften ergaben sich hierdurch nicht.

Der Schnitzer gab den grob vorbereiteten Kopf einem Spezialisten, der mit Holzfeile, Fischhaut, Sandpapier und Stechzirkel die Feinheiten ausführte. Anschließend kam der Kopf zum Sieden in ein Walrat-, Talg- oder Wachsbad, wodurch eine gewisse Festigung des Materials erfolgte. Einzelne Produzenten bliesen Heudämpfe in die Köpfe, um so die gewünschte Verfärbung vor dem Verkauf zu erreichen. Sydon Noltze, ein berühmter Meerschaumpfeifenschnitzer des Biedermeier in Wien, dessen Pfeifen recht teuer waren und bis zu 35 Gulden kosteten, ließ seine Meisterstücke von Angestellten vor dem Verkauf einrauchen, bis sie gelb wurden.

Hoch im Kurs standen nach 1860 schwarzgebrannte oder -gefärbte Meerschaumköpfe. Bei der ersteren Art hielt man die noch nicht gebohrten Blöcke nach einem Bad in warmem Leinöl über ein offenes Holzkohlefeuer. Eintauchen in Firnis und Trocknen über der Flamme wechselten sich ab, bis das Material keinen Firnis mehr aufnahm. Komplizierter war das Brennen bereits ausgehöhlter Meerschaumköpfe, da deren Festigkeit stark nachließ. Von der Knopfindustrie übernahm man ein Färbeverfahren mit dem alkoholischen Auszug aus Nüssen des Kaschubaumes (*Anacardium occidentale*). Eine moderne Methode ist das Sieden der Pfeifenköpfe in gereinigtem flüssigem Asphalt. Nach dem Polieren gelan-

gen die so behandelten schwarzen Pfeifen als Goudronpfeifen in den Handel.

Für ihre oft filigranen Schnitzereien konnten die Pfeifenmacher auf Musterbücher und Vorlagenblätter zurückgreifen, die für Holzpfeifen und Meerschaumköpfe häufig identisch waren. Die Ausführung erfolgte jedoch in Abwandlungen, bedingt durch Maserung, Färbung, Form und Fehler des Materials. 1844 erschien der »Almanach von Radierungen . . .« mit vierzeiligen Strophen des Freiherrn Ernst von Feuchtersleben und Radierungen Moritz von Schwinds, die neben Szenen aus dem Leben von Rauchern Entwürfe für Meerschaumpfeifenköpfe zeigen. Moritz von Schwind schuf mit seinen phantasievollen Pfeifenmustern nicht nur dekorative Buchillustrationen, sondern Vorlagen, nach denen versierte

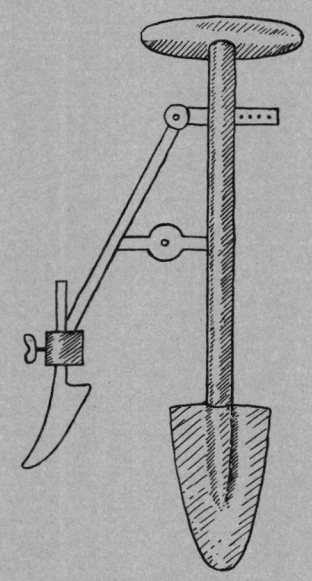

80 Spezialbohrer für Pfeifenköpfe aus Meerschaum. Thüringen, zweite Hälfte 19. Jh.
Nach: Tomasek, J. M., Die Pfeifen-Industrie, Weimar 1878

Pfeifenschnitzer aus Meerschaum und Holz die komplizierten Formen nachbildeten. Die Motive stellen ganze Genrebilder dar. Die Pfeifenköpfe haben die Formen von Öfen, Pagoden oder gar romantischen Ritterburgen. Trotz ihrer detailreichen Fülle harmonieren die romantischen Bilder mit dem eigentlichen Verwendungszweck.

Das Museum für Deutsche Geschichte in Berlin besitzt in einer magazinierten Pfeifensammlung eine geschnitzte Buchsbaumpfeife, auf der nach einem dieser Entwürfe eine ruhende Bauernfamilie um einen Ofen gruppiert ist. Neben einer Zither spielenden Frau raucht ein alter Bauer mit Pelzmütze eine kurze Pfeife. Im Mittelteil lehnt vermutlich das Familienoberhaupt am Ofen. Daneben kauert ein Kleinkind. Einem Mädchen wird von der Mutter das Haar gekämmt, ein weiterer Sohn oder der Knecht schließt die Reihe.

Vorlage und Pfeife weichen in geringen Details voneinander ab. Der Ofen beziehungsweise Pfeifenkopf ist schlanker als auf der Radierung, auch fehlen die Eiszapfen am Dach. Dem unbekannten Pfeifenschnitzer gelang mit seiner Umsetzung ein eigenes gleichwertiges Kunstwerk.

Derartige Szenen auf Holzpfeifen stellen Ausnahmen dar. Hierfür war der leichtere Meerschaum viel besser geeignet. Größere Blöcke konnten allerdings zu Übertreibungen führen. Erstaunlicherweise brachten jedoch eben diese kolossalen Szenerien den Wiener Schnitzern auf der Londoner Weltausstellung von 1851 große Anerkennung. Peter Johann Nepomuk Geiger (1805–1880), Professor an der Wiener Akademie der Bildenden Künste, schnitzte als Autodidakt einen gewaltigen Meerschaumkopf mit der Zerstörung Trojas, den 80 Figuren bevölkerten. Für 2000 Gulden erwarb ein englischer Sammler diese Pfeife.

81 Entwurf eines Meerschaumpfeifenkopfes von Moritz von Schwind aus dem »Almanach von Radierungen . . .«, Zürich 1844

Selbst die Radfahrer waren am Ende des 19. Jahrhunderts interessant genug, um als Motiv auf Meerschaumpfeifen aufzutreten. Gegenüber den ähnlichen Tonpfeifen ließen sich Details in Meerschaum bedeutend filigraner ausführen.

Pferde, Porträts berühmter Zeitgenossen und erotische Motive wurden von Schnitzern, Sammlern und Rauchern besonders geschätzt. Der Komponist Franz Lehár erhielt von Verehrern eine Meerschaumpfeife geschenkt, deren Kopf als nacktes Mädchen geschnitzt ist.

Reeck, ein Wiener Drechslermeister, komplettierte die Meerschaumpfeife mit einem Mundstück aus Bernstein, womit der ästhetische Wert dieser ohnehin wertvollen Pfeife eine neue Qualität erreichte.

Von einem Berliner Drechsler ließ Kaiser Wilhelm II. im Jahre 1890 eine Meerschaumpfeife schnitzen, deren Kopf ein balzender Auerhahn aus Silber zierte. Der Kopf und auch die Flügel dieses Tieres bestanden aus Auerhahnsteinen, den geschliffenen Kieseln aus dem Magen eines Auerhahnes. Aus dem gleichen Material wurde der Rohransatz mit einem geschnitzten »W« verziert. Um den Kopf kam ein schützendes Silberdrahtgeflecht.

Ende des vergangenen Jahrhunderts arbeiteten im thüringischen Ruhla 150 Personen in 27 Werkstätten. Ähnlichen Umfang hatten die Produktionsorte Lemgo und Paris. Unerreicht blieb die führende Stellung Wiens, wo jährlich etwa 100 000 Meerschaumpfeifen entstanden. 1872 verarbeiteten hier 200 Meister mit 1000 Arbeitern 360 Tonnen Meerschaum und 30 Tonnen Bernstein. 20 Jahre später waren nur 60 Meister mit 600 Arbeitern tätig. Die Ursachen für den Rückgang sind nicht in veränderten Rauchgewohnheiten zu suchen. Vielmehr bewirkte eine Qualitätsverschlechterung diese Tendenz. Von den massiven Meerschaumblöcken blieb oft die Hälfte des nach Gewicht gekauften Materials als Abfall übrig. Um den Import aus der Türkei einzuschränken, entwickelte Dreiß den künstlichen Meerschaum aus gemahlenem, dann gekochtem und mit einem Bindemittel vermengten Abfall. Das größere Gewicht suchte man durch Beimischungen des leichteren Kaolin zu umgehen. Erst beim Rauchen offenbarte sich der eigentliche Mangel: die geringere Aufnahmefähigkeit für Tabakkondensat. Gleichzeitig mit diesem – »Massa« genannten – Surrogat kam Ambroid als Ersatzstoff für die Bernsteinspitzen auf. Nur wenige Firmen überlebten den Vertrauensschwund bei den Kunden, die häufig die minderwertigen Produkte als echte Stücke teuer erwarben. Eine zerbrechliche echt Wiener Meerschaumpfeife im paßgerechten Etui, etwa eine »Andreas Bauer«, gehört auch heute zu den begehrten Pfeifen, und viele Sammler legen sich schon aus Renommiergründen eine weiße »Königin unter den Pfeifen« zu.

Ein kleiner weißer Elefant ist das Markenzeichen von Meerschaumpfeifen, die seit einigen Jahren aus Tansania auf den europäischen Markt gelangen. 1953 entdeckte man an der Grenze zu Kenia Meerschaum. Nahe der Stadt Arusha entstand eine Fabrik, in der weitgehend maschinell in 80 Arbeitsgängen Pfeifenköpfe hergestellt werden. Typisch für die afrikanische Produktion sind Kombinationen mit Bambus, Bruyère, Stahl, Plaste, Leder. Bereits 1967 erreichte der Export 200 000 Pfeifen, die in 65 Länder gelangten. Neben preiswerten Serienmodellen gibt es manuell geschnitzte Köpfe mit Szenen aus der afrikanischen Tierwelt. Zu einem Verkaufsschlager ersten Ranges entwickelte sich die Gemeinschaftspfeife mit zwei langen Schlauchmundstücken.

Nach der Erfindung des europäischen Hartporzellans durch Johann Friedrich Böttger 1708 in Meißen erlangte dieser neue Werkstoff für die Pfeifenproduktion Bedeutung. Die ersten Porzellanpfeifenköpfe ähnelten den Tonpfeifen. Mit der Fertigung von Gesteckpfeifenköpfen begann die Manufaktur Volkstedt in Thüringen 1761. Man ließ das wertvolle Material weiß glasiert und ging mit dem Dekor sparsam um, eine Tendenz, die bei englischen Porzellanpfeifen als schlichte, qualitätvolle Malerei, häufig mit Chinoiserien, gewahrt blieb.

Neben den Tabakpfeifen stellten Porzellanmanufakturen weiteres Zubehör für Raucher her. 1765 bot die Königliche Porzellanmanufaktur (KPM) in Berlin Pfeifenstopfer in Form eines Frauenbeines für einen Taler das Stück an. Da ein preußisches Reskript vom 7. Mai 1765 die Einfuhr »fremder Tobacks-Köpfe von Porcellain« verbot, ist anzunehmen, daß hier ein staatlich geförderter Warenschutz vorlag und die KPM selbst derartige Köpfe fertigte.

Nach 1800 waren die Thüringer Manufakturen führend in der Massenproduktion von billigen bemalten Pfeifenköpfen. Die besten Arbeiten kamen aus Meißen und Rosenthal. Nur selten sind die Marken der Manufakturen oder die Namen der vorwiegend in Heimarbeit tätigen Porzellanmaler ersichtlich.

Ihre Blütezeit erlebten die Porzellanpfeifen im Biedermeier. Der Tourismus kam auf. Für die Stadtbewohner wurde die Landschaft, die See oder die Bergwelt mit ihren Bewohnern interessant. So wie man später Postkarten zur Erinnerung mitbrachte, nahm man sich in dieser Zeit Miniaturansichten, Porzellansouvenirs und Pfeifenköpfe mit heim. Eine zweite Funktion erwuchs der Porzellanpfeife als Freundschaftsgeschenk. Pfeifenköpfe mit persönlichen Widmungen wurden zu individuellen Attributen des Andenkens, der Freundschaft und der Liebe. Dazugehörende glasperlenbestickte Pfeifenrohre sind Zeichen hausfraulicher Handarbeit. Allerdings existierte dafür auch eine erwähnenswerte Heimindustrie in Schwäbisch-Gmünd und an anderen Orten.

Nahezu jeder Berufsstand hatte eigene Porzellanpfeifen mit charakteristischen Bemalungen. Neben der schlichten, kaum dekorierten Pastorenpfeife gab es die lange Studentenpfeife, deren farbige Quasten der Korpszugehörigkeit entsprachen. Wer mit grün-gelb-roter Quaste am langen Pfeifenrohr in einer Berliner Kneipe saß, gehörte ohne Zweifel der Landsmannschaft der Neuteutonen an. In den Universitätsstädten übernah-

men spezialisierte Maler das Ausschmücken der Porzellanköpfe. Viele Jahre ließen die Jenaer Studenten bei dem Maler Eichel einen Pudel im Faß anbringen, womit auf eine Anekdote des Universitätspedells Kahle angespielt wurde.

Bilder von Carl Spitzweg, Johann Peter Hasenclever, Johann August Krafft zeigen patriarchalische, die lange Pfeife rauchende Schulmänner, Handwerker und biedere Familienväter. Erst nach der bürgerlichen Revolution von 1848/49 wurde die lange Pfeife zu einem provinziell-altväterlichen Requisit.

Mit der Entwicklung von Aufdruck- und Umdruckverfahren sowie dem Aufkommen von Abziehbildern konnten Porzellanpfeifenköpfe noch billiger hergestellt werden, zudem ermöglichten diese Verfahren die Serienfertigung. Während die teure Meerschaumpfeife ohnehin nur für besser bemittelte Käufer erschwinglich war, wurde die Porzellanpfeife in allen sozialen Gruppen gebräuchlich. In den antinapoleonischen Befreiungskriegen zeigte die Porzellanpfeife erstmals ihre Einsatzmöglichkeit als agitatorischer Informationsträger, dessen Bedeutung sich durchaus mit der zeitgenössischer Bilderbogen vergleichen läßt. Populäre Helden wie Blücher, Schill, Körner, York, Seume mahnten koloriert oder als Silhouette von den Pfeifenköpfen zur nationalen Einheit. Noch deutlicher wird die politische Aussage auf einem Kopf, auf dem ein Zeitungsjunge das Titelblatt einer Zeitung so hält, daß die Schlagzeilen von der Besetzung Paris' durch die Alliierten 1814 zu lesen sind.

Später folgten patriotische freie Turner mit schwarz-rot-goldener Fahne und Barrikadenkämpfer auf dem weißen Porzellan. In den preußisch-deutschen Einigungskriegen 1864 bis 1871 setzte eine Manipulation ein, die schließlich zum militaristischen Kitsch führte.

OBSERVATIONS   CRITIQUES.

Variété des Pipes et de leurs Fumeurs

82 Varianten von Pfeifen und Pfeifenrauchern.
Lithographie von J. Grandville. Frankreich, um 1830,
25×36 cm. Berlin, Märkisches Museum

1864 bis 1866 fanden Pfeifenköpfe mit dem Bild des Oberbefehlshabers Graf von Wrangel guten Absatz. Als später General von Prittwitz das Kommando übernahm, stockte der Absatz. Daraufhin ließ der Hersteller auf den noch vorhandenen Köpfen den Namen unter dem Bild Wrangels in »von Prittwitz« ändern. 1870 erhielten in Frankreich kämpfende Soldaten Weihnachtspäckchen, die neben anderen Spenden auch Tabakpfeifen mit der folgenden Aufschrift enthielten: »Weihnachten/Berlin/Hilfsverein der Dt. Armeen im Felde/1870.« Während des ersten Weltkrieges kamen von der Berliner KPM Porzellanpfeifen mit dem Motiv des Eisernen Kreuzes und von Soldaten der Vierbundstaaten. Ein kleines schwarzes Kreuz auf der Glasur, die sogenannte Kriegsmarke, kennzeichnet diese von 1914 bis 1918 produzierten Köpfe.

Neben diesen kurzen Marschpfeifen gab es als typisch deutsche Militärpfeifen die bis zu 1,5 m hohen Reservistenpfeifen. Dekor und

94 Pfeifendeckel dieser überladenen, bunten Pfeifen zeigen die Merkmale der Waffengattung des Besitzers. So kann der Deckel als Pickelhaube geformt sein oder die Plastik eines Geschützes tragen. Rückseitig sind die Köpfe mit den Namen der Angehörigen der jeweiligen Einheit beschriftet.

Ehm Welk berichtet in seinem stark autobiographisch geprägten Roman »Die Lebensuhr des Gottlieb Grambauer« von der politischen Aussage der Pfeifenköpfe (es ist die Zeit nach dem Sturz des Kanzlers Otto von Bismarck im März 1890): »Auf meinem Pfeifenkopf war der neue Kaiser drauf, den hatte es damals gegeben, als er den Thron bestieg, und fast alles, was rauchte in Kummerow, hatte ihn sich angeschafft. Ich habe Wilhelm sofort kaltgestellt und mir in Randemünde einen Pfeifenkopf besorgt mit Bismarck drauf. Nachher mußte ich noch zwei Dutzend solcher Pfeifenköpfe nachbestellen. Sie wollten sich alle Bismarcken warmhalten und dem Kaiser zeigen, daß mit ihnen nicht zu spaßen sei. Jawohl, so handelten mal pommersche Bauern, als sie rebellieren wollten.«

Speziell in Deutschland kam den Porzellanpfeifen eine Bedeutung als Standes- und Gruppenzeichen zu, die weit über den Gebrauch als Rauchgerät reichte. Die Turner trugen auf ihren Pfeifenköpfen ihr Symbol der vier »F« (Frisch, Fromm, Fröhlich, Frei). Handwerker ließen Arbeitsgeräte ihres Berufszweiges anbringen. Nach dem Vorbild bürgerlicher Vereine stellte die junge organisierte Arbeiterklasse ihre Führer auf den Pfeifenköpfen zur Schau. Aus heutiger Sicht ist der überwiegende Teil dieser Malerei dem Kitsch zugehörig. Für eine große Anzahl der Raucher war aber nur dieser Ersatz, der einem echten Bedürfnis nach Kunst entsprach, finanziell erschwinglich. Daneben gibt es auch wahre Lei-

stungen der Kleinkunst wie die Darstellungen von Jägern, Wilderern und Tiroler Bergbauern, die naturalistisch bis ins Detail sind. Die Grenze zwischen Kunst und Kitsch ist fließend, da die Künstler je nach ihrem Können und den Wünschen der Kunden vorwiegend für den Gebrauch arbeiteten und nicht für den Sammler. Wenn unter dem Bild zweier Jäger, die auf einer Waldlichtung zwei Frauen betrachten, die Worte stehen »Des Jägers liebstes Wild«, so ist damit die bereits nicht minder umfangreiche Gruppe der Frivolitäten auf dem weißen Porzellan angedeutet.

Nur wenige der tüchtigen Kleinmeister sind namentlich bekannt wie der in Ilmenau tätige Lorensz Riemek oder der aus Burg stammende Otto Spliedt.

Marschall Blücher erhielt nach den Feldzügen von 1813 bis 1815 von Freunden eine originelle Porzellanpfeife, die vermutlich in Paris entstand. Auf dem Kopf war ein Reiterbildnis Friedrichs II. Im Innern des doppelten Pfeifendeckels verbarg sich eine kleine vergoldete Napoleonfigur, die beim Öffnen des oberen Deckels aufsprang. Ebenfalls aus einer Pariser Manufaktur kamen figural gestaltete Porzellanpfeifen, die Napoleon auf einem Baumstumpf sitzend zeigen. Der am Scharnier aufklappbare Kopf des Kaisers ist hier gleichzeitig der Pfeifendeckel.

Kurios muten die holländischen Weinpfeifen an, bei denen der Rauch durch einen mit Wein gefüllten Behälter gesogen wurde. Diese dekorativen Porzellanpfeifen ließen sich kompliziert handhaben und vermittelten keinen echten Genuß. Die Entwicklung der Weinpfeife führte in eine Sackgasse auf dem Weg zu einer Pfeife, die dem verfeinerten, milden Rauchgenuß entsprechen sollte. Porzellan nimmt kein Kondensat auf. Das ständige Rauchen aus dem sehr heiß werdenden Material

76

78

war eher eine Qual denn ein Vergnügen. Einzig die großköpfigen, langen Gesteckpfeifen ermöglichten ein kühleres Rauchen. Das lange Rohr kühlte den Rauch und milderte die Schärfe des wenig fermentierten Tabaks. Der Raucher nahm bedächtig nur kleine, kaum merkliche Züge, etwa vier bis fünf in der Minute. Gleichzeitig hielt er mit dem Pfeifenstopfer die Asche nieder, die so einen Teil des Kondensats aufnahm.

83 Vor den Tabakläden haben die Händler die verschiedenen Sorten gefällig ausgestellt, um die Käufer anzulocken.
Aus: Feinhals, J., Der Tabak in Kunst und Kultur, Köln 1926

Porzellanpfeifen werden auch in unseren Tagen in beachtlichen Mengen produziert. Führend im Export ist die tschechoslowakische Firma Koh-i-noor. Gemeinsam mit den langen Holzgesteckpfeifen sind die modernen Porzellanpfeifen vorwiegend für die zunehmende Zahl von Pfeifensammlern und als stilvolle Raumzier in rustikalen Ferienhäusern vorgesehen.

In Deutschland blühte der Tabakhandel mit den inländischen Produkten während der von Napoleon verhängten Kontinentalsperre auf. Bremen entwickelte sich zu einem Zentrum der Tabakindustrie. In Köln entstand in dieser Zeit die Firma Neuerburg. In Berlin produzierten die Tabakhäuser Ermeler, Praetorius, Brantzlow ihre beliebten Marken, oder die Händler bezogen ihre Ware per Lastkahn von der Hamburger Firma Justus Friedrich. Zwischen Cubacanaster, Holländischem Canaster, Louisiana Rothsiegel, Muffcanaster in den Preislagen von zwölf Groschen bis zu zweieinhalb Taler pro Pfund konnten die Raucher wählen. Von geringerer Qualität war der Kraustabak zu zwei Groschen je Pfund. Die Werbedevise des zeitgenössischen »ff. Jagdcanaster« hieß: »Gut auf hohen Bergen und in freier Luft zu rauchen. Dieser Tabak lobt sich selber, brennt, schmeckt und beißt auch nicht.«

Damit die dekorativen Gesteckpfeifen voll zur Geltung kamen, stellte man sie in Gestelle. Typischer Wohnungsbestandteil in Norddeutschland wurde das Pfeifenreck, ein Eckbrett mit gerundetem Boden und der Schublade für das Zubehör. Die gleichen Gestelle fertigten Handwerker in Dänemark und Schweden. Eine andere Form der Aufbewahrung boten Pfeifentische, deren Platte eine größere Öffnung zum Einstellen der langen Pfeifenrohre aufweist. Für Raucher zum Hantieren – Stopfen und Reinigen der Pfeifen – bequem, gaben eigene Raucherstühle Platz für Zubehör. Mit dem Pfeifenschrank, geeignet für eine größere Zahl von Pfeifen, erfolgte der Übergang zum ausgeprägten Sammeln von Tabakpfeifen. Die beachtliche Sammlung von Gesteckpfeifen eines sächsischen Adligen aus dem 19. Jahrhundert befindet sich im Museum Waldenburg. Hier hat man sich bemüht, die Art des Sammelns gewissermaßen mit zu konservieren und präsentiert die Bestände im originalen Zustand.

117

Pfeifen mit Kühlsystemen

Auf der Suche nach Pfeifen, die sich leicht rauchen, trocken und kühl bleiben, erprobte man viele Materialien. Einige Experimente endeten ergebnislos, andere brachten neue Probleme auf, sie waren aber wichtige Stufen bei der Herausbildung moderner Pfeifen.

Perser verwirklichten das Streben nach kühlem Rauch durch die Entwicklung der Wasserpfeife, bei der der Rauch durch ein kühlendes Wasserbad gelenkt wird. In orientalischen Ländern auch in der Gegenwart weit verbreitet, erscheint dem mitteleuropäischen Raucher das gleichmäßige Saugen am langen Schlauchmundstück äußerst kompliziert. Mark Twain erweist sich in seinem humoristischen Reiseroman »Die Arglosen im Ausland« als entschiedener Gegner dieser Pfeife: »Ich nahm einen Zug, und das genügte: Der Rauch drang in einer einzigen großen Masse in den Magen, in die Lungen, selbst in die abgelegensten Teile des Leibes vor. Ich platzte mit einem gewaltigen Hustenstoß heraus, der so klang, als hätte der Vesuv losgelegt. Die nächsten fünf Minuten rauchte ich aus allen Poren wie ein Holzhaus, das im Innern brennt. Nie wieder Nargileh!«

Man muß beim Rauchen der Wasserpfeife den Rauch bedächtig einziehen. Raucht man zu stark, verschluckt man sich oder bekommt den unangenehmen Geschmack des Wassers in den Mund. Zieht man zu schwach, kommt nur Luft aus dem Mundstück.

In Europa erlangte die Wasserpfeife lediglich in den einst türkisch besetzten Balkanstaaten Verbreitung. Außerhalb ihrer Herkunftsländer gelangten Wasserpfeifen vorwiegend als Sammelobjekte in die Hände ihrer Käufer. Der Reiz dieser Pfeifen liegt vor allem in ihrer kunstvollen Ausführung, die sie zu einem zentralen Schmuckelement in der Wohnung werden läßt. In orientalischer Pracht präsentieren sich die gefälligen, bauchigen Wasserbehälter aus getriebenem Messing, Straußeneiern, Kokosnüssen oder emailliertem Glas- und Fayencekörper. Filigranes Drahtgeflecht an den Schlauchmundstücken erhöht den Prunk.

Für Liebhaber dieses Rauchgenusses bietet die in Mailand ansässige Firma Savinelli kleine Tischwasserpfeifen mit einem schlichten Korpus aus Bruyèreholz an.

Um 1750 entwickelte man in Staffordshire (Großbritannien) Snake-Pipes (Schlangenpfeifen), deren bis zu 4 m langes Rauchrohr ebenfalls den Rauch kühlt. Die gewundenen Pfeifen bestehen aus glasierter Irdenware. Allein die Beibehaltung der exakten Bohrung beeindruckt. Einfache Pfeifen haben das Mundstück wie einen Gartenschlauch aufgerollt. Zoomorphe Pfeifenköpfe, entsprechende Farbglasuren und eine verwirrende Anordnung des Rauchrohres läßt bei anderen Modellen die Bezeichnung Schlangenpfeife gerecht erscheinen.

86

Sogar Glas wurde für Pfeifen benutzt. Englische Glasbläser in Bristol und Nailsea stellten in der victorianischen Zeit schlichte Glaspfeifen her, die sich durch einfache, klare Linien auszeichnen. Noppenringe liegen zur Verstärkung und als Schmuckelement auf. Man beließ die Glaspfeifen in der Tönung des Glases oder färbte den Glasfluß in pastellartige Fliedertönungen. Aus Venedig kamen Glaspfeifen mit raffiniert geblasenem Zierat. Obwohl man mit den Glaspfeifen durchaus rauchen konnte, waren diese Stücke vorwiegend originelle Scherzprodukte. In ähnlicher Weise entstanden Schnapsgläser in Pfeifenform.

Glashütten in Österreich-Ungarn experimentierten zu Beginn des 19.Jahrhunderts mit getönten Gläsern. 1803 hatte man in Böhmen ein siegellackartiges Glas entwickelt, das als Hyalith auf den Markt gelangte. 1817 folgte das schwarze Hyalith in Anlehnung an das damals moderne schwarze Weichporzellan von Wedgwood. Dem Glasmaler Friedrich Egermann (1777–1866) gelang 1828 die Entdeckung eines steinartigen Glases, bei dem Marmorierungen den Steincharakter täuschend nachahmen. Aus dem »Steinglas« gab es auch Pfeifenköpfe. Sie hatten die Nachteile der Porzellanpfeifen und waren noch schwerer.

Das Gegenteil hierzu stellen die extrem leichten Maiskolbenpfeifen dar, die zuerst von amerikanischen Farmern für den Eigenbedarf aus Maiskolben entstanden. Der Spottname »Missouri-Meerschaum« wurde zu einer anerkannten Markenbezeichnung für diese auch in Europa geschätzten Pfeifen. Die aus der starkstämmigen Maissorte »Collier seed« hergestellten Pfeifen lassen sich angenehm kühl rauchen. Ihr geringes Gewicht und der geringe Preis haben die Verbreitung der »lo-cent-Pfeifen« gefördert. Maiskolbenpfeifen sind nicht für einen langen Gebrauch geeignet. Wenn die durch eine dünne Gipsschicht geschützte Innenwandung kein Kondensat mehr aufnimmt, haben sie ausgedient.

Friedrich Gerstäcker war mehrere Jahre bei einem Fabrikanten mit dem Zuschneiden von Schilfrohren für die Mundstücke dieser Pfeifen beschäftigt. Heute erzeugt eine leistungsstarke Industrie in der Stadt Washington im Bundesstaat Missouri jährlich mehrere Millionen Maiskolbenpfeifen für den Inlandbedarf und den Export. Nach der Ernte werden die besonders großen, holzigen Kolben bis zu mehreren Jahren gelagert, anschließend gesägt, gebohrt, geglättet. Holm und Mundstück entstehen heute aus Kunststoffen, Bambus oder farblich abgestimmten hellen Hölzern.

Am Ende des vergangenen Jahrhunderts erlangte ein weiteres Naturprodukt Bedeutung für die Pfeifenindustrie: der afrikanische Flaschen- oder Kalebassenkürbis (Lagenaria siceraria). Vermutlich gelangten die ersten großköpfigen, trompetenförmigen Kalebaschpfeifen während des Burenkrieges nach Europa, wo man die leichte Pfeife mit einem Meerschaumfutter und einem Bernsteinmundstück komplettierte. Durch den Hohlraum zwischen Innen- und Außenwandung des Pfeifenkopfes lassen sich diese Pfeifen sehr mild rauchen. In den USA adaptierte man die Kalebaschpfeifen als doppelwandige »General-Daves-Pfeife« aus Holz, deren Holm oben am doppelwandigen Kopf ansetzt.

Bemerkenswert sind regionale Pfeifenformen, deren Holzteile mit Metallapplikationen verziert sind. Vor allem die slawischen Völker Osteuropas können hierbei hervorragende Schöpfungen vorweisen. Gepunzte Flechtbänder, Kreise, Zickzacklinien sind typische Dekorelemente von U-förmigen Holzpfeifen aus der Region am Weißen Meer. Polnische Goralenpfeifen aus der Hohen Tatra tragen am gebogenen Mundstück aus Tannenholz kleine Ketten. Da alle diese Pfeifen als individuelle Leistungen ihrer Hersteller – die in der Regel gleichzeitig Nutzer waren – entstanden, gleicht kaum eine der anderen, abgesehen von den modernen, für den Souvenirhandel produzierten Serienmodellen.

Gute Traditionen der volkskünstlerischen Pfeifen verbinden sowjetische Gestalter mit modernen Serienkollektionen. Die staatliche Elfenbeinschnitzerei in Archangelsk fertigt vorwiegend für den Export verschiedene Modelle, deren Gestaltung an die Formensprache der Kunst nördlicher Völkerschaften der UdSSR erinnert. Aus der burjatischen Volkskunst entnahm der Juwelier D. Sanshijew Anregungen für seine Pfeifenkreationen, die Einlegearbeiten mit Silber, Korallen und Bernstein aufweisen.

Bruyèrepfeifen

Um die Mitte des vergangenen Jahrhunderts begab sich ein französischer Pfeifenfabrikant nach Korsika, um hier den Geburtsort des von ihm verehrten Napoleon zu besuchen. Er verlor auf der Insel seine Meerschaumpfeife und beauftragte einen Bauern mit der Anfertigung einer neuen Pfeife aus einer geeigneten Holzart. Am nächsten Tag übergab ihm dieser einen geschnitzten Pfeifenkopf aus dem Wurzelknollen einer Erikapflanze. Der Franzose erprobte die neue Pfeife, war von ihren Eigenschaften begeistert und gründete in dem Städtchen Saint-Claude eine Bruyèrepfeifenindustrie. Soweit die Legende. Sicher gebrauchten korsische Hirten bereits früher die harten Wurzelknollen zum Pfeifenschnitzen,

und von ihnen übernahmen französische Händler das Material. Nur im Mittelmeerraum ist die zur Pfeifenherstellung geeignete Baumheide (Erica arborea) als mehrere Meter hoch wachsender Strauch beheimatet. In Tunesien, Marokko, Südfrankreich, Griechenland, Albanien sowie auf Korsika und Sardinien wächst die Pflanze wild. Alle Versuche, sie zu kultivieren, schlugen bisher fehl. Selbst unter optimalen klimatischen Bedingungen gelang den Amerikanern die gärtnerische Nutzung in Florida nicht. Dort heimische Erikaarten liefern zwar ebenfalls ein Wurzelholz, dessen Qualität ist jedoch gering, und die mit der Handelsbezeichnung »Breezewoodpfeifen« angebotenen Modelle konnten sich in Europa nicht behaupten.

Gegenüber anderen Holzarten erweist sich die Bruyèrewurzel als besonders widerstandsfähig, von günstigem Eigengeschmack und hervorragender ästhetischer Wirkung. Moderne Qualitätspfeifen entstehen fast ausschließlich aus Bruyère. In der Pfeifenbranche ist die englische Bezeichnung »briar« üblich. Die Gewinnung der Hölzer erfolgt wie ehedem. Von den bis 5 m hohen Stauden ist nur die knollenartige Verdickung zwischen Stamm und Wurzel verwertbar. Erst im Alter von 30 bis 60 Jahren haben die Pflanzen Knollen mit einer Masse über 10 kg. Wenn der Winter einsetzt, werden die großen Knollen ausgegraben. Von Verunreinigungen gesäubert, lagern sie zehn Monate in Gräben, mit feuchten Tüchern oder Gestrüpp der Sonneneinstrahlung entzogen. Um Risse zu vermeiden, werden die steinharten Knollen regelmäßig mit Wasser besprüht. Von innen heraus trocknen sie allmählich. Dann kann das Sägen der Naturformen in handelsübliche Ebauchons folgen. Langjährige Erfahrung, gepaart mit einem sicheren Gefühl für das Material, versetzt den Coupeur in die

Lage, möglichst große Blöcke von gleichmäßiger Qualität zu schneiden. Bereits hier wird die Güte der späteren Pfeife maßgeblich beeinflußt. Maserung und Größe bestimmen den Preis der Blöcke, die nach dem Schneiden mehrere Stunden in Kupferkesseln sieden, damit Harzreste auskochen. Hierbei nehmen die Ebauchons die für Bruyèrepfeifen typische rötliche Färbung an. Rosarote oder gelbe Varianten machen ein Sortieren nach Farbe, Größe, Qualität erforderlich, bevor die Halbfabrikate zu den Pfeifenherstellern gelangen. Über 30 Varianten werden von Fachleuten unterschieden und auf den Verpackungen verzeichnet. Buchstabengruppen geben Herkunft und Güteklasse an, römische Zahlen die Färbung, arabische die Größe. Spitzenpreise erzielen Ebauchons mit gleichmäßiger Maserung.

In der Pfeifenfabrik durchläuft der Ebauchon bis zu 80 Arbeitsgänge, bevor die Pfeife verkaufsfertig ist. Der Block wird geschnitten, der Kopf gebohrt, gefräst, der Holm gedreht. Bei allen Arbeitsgängen ist der Anteil der Handarbeit hoch. Maschinen führen die Bohr-, Schneide-, Fräs-, Polierarbeiten aus, aber stets unter Aufsicht von Spezialisten. Je höher der Anteil der Handarbeit ist, desto individueller werden die Pfeifen. Proportional steigt mit dem Freehandanteil der Preis.

Spitzenmodelle mit exklusiver Maserung bleiben in der reinen Naturfarbe. Sonst ist das Beizen üblich, wodurch der Naturfarbton verstärkt wird. Neben den rotbraunen Varianten sind schwarze Beizen bevorzugt. Letztere verwendet man für glänzend polierte Abendpfeifen zum Rauchgenuß in Gesellschaften mit fester Kleiderordnung oder in der Theaterpause. Kleine Fehler lassen sich durch die schwarze Beize verdecken.

Ein anderes Finish erhalten sandstrahlbehandelte Pfeifen. Zunächst kommen die rohen Köpfe in ein heißes Sandbad. Hier härten die festen Masern, während weiche Holzbestandteile schrumpfen und durch das Sandstrahlen entfernt werden. So erzeugte Reliefpfeifen sind den massiven Köpfen in der Qualität gleichwertig. Als ihre Vorteile gelten das leichtere Gewicht, die Griffigkeit und die durch die größere Oberfläche bedingten milden Raucheigenschaften. »Corallo di mare« (Meereskoralle) nennt die italienische Firma Savinelli die aus einer besonders hellen, selten vorkommenden Varietät der Bruyèreknollen gefertigten Reliefpfeifen, die in der Rauchqualität weitgehend den Meerschaumpfeifen entsprechen. Sie benötigen keine Einrauchzeit und verfärben sich allmählich wie Meerschaum.

Fehlerhafte Ebauchons erhalten mit Fräsmaschinen ein Relief. Im Gegensatz zu den sandgestrahlten Modellen führen diese zweitklassigen Reliefpfeifen im Handel die Bezeichnung »Rustica«.

Selbstverständlich wird die Eignung der Bruyèrepfeife zum Rauchen nicht durch die Maserung beeinflußt, aber die Pfeife ist ja nicht schlechthin ein praktisches Rauchinstrument, stets hat das warme, polierte Holz für den Raucher eine sinnlich-rituelle Funktion. Satirisch überspitzt apostrophierte der sowjetische Schriftsteller Ilja Ehrenburg die Pfeife als »stark vergeistigten Gegenstand«. 1922 erschien seine Sammlung von Erzählungen »13 Pfeifen«, in der es im Vorwort heißt: »Zernagt, durchräuchert, stellt sie sozusagen das menschliche Leben dar, eine Chronik seiner vielfältigen Leidenschaften, denn in dem Holz, in dem Ton oder in dem Stein verbirgt sich die Spur des menschlichen Atems.«

Im letzten Drittel des 19. Jahrhunderts entstanden – beeinflußt vom Geschmack englischer Käufer – neue Pfeifenformen, die über hundert Jahre von fast zeitloser schlichter Gestaltung blieben und auch im gegenwärtigen Produktionsangebot dominieren. Nur in wenigen Fällen sind die Gestalter inzwischen klassischer Modelle bekannt. Zu diesen Ausnahmen gehört Jean Baptiste Choquin, der um 1900 ein entmarktes Albatrosbein als Mittelstück einer Bruyèrepfeife einsetzte. Die ursprünglich in Metz in Serie gefertigte Choquin-

84 Kukryniksy (Kuprijanow, Krylow, Sokolow), Karikatur des Pfeifenrauchers Ilja Ehrenburg, 1927.

pfeife gehört – allerdings mit einem Kunststoffeinsatz anstelle des Vogelknochens – zum ständigen Angebot aus Saint-Claude.

Von den 14 000 Einwohnern der Kleinstadt Saint-Claude waren zu Beginn unseres Jahrhunderts über 5000 in etwa hundert Betrieben der Pfeifenindustrie tätig. Mechanisierung und Verlagerung der Pfeifenherstellung in andere Zentren verringerten die Zahl auf 1500 Beschäftigte in 40 Unternehmen. In den Jahren der größten Prosperität entstanden jährlich bis zu 30 Millionen Bruyèrepfeifen, von denen der überwiegende Teil nach England gelangte, um dort komplettiert zu werden.

Noch immer umgibt die Prägung »London style« auf Pfeifen, die auf dem Kontinent entstehen, ein Abglanz von dem Nimbus, den die britischen Briarpfeifen seit fast hundert Jahren wahren. Eine von England ausgehende, auf Zweckmäßigkeit zielende, materialorientierte Strömung im Kunstgewerbe erfaßte auch die Tabakpfeife; nüchterne, statische Formen waren das Ergebnis. Die kompakten kubischen Pfeifen entstanden im Rahmen der Bestrebungen der Industrieformgestaltung und beeinflußten in einer Wechselbeziehung die Kunst. Maler wurden von der schlichten Pfeife inspiriert, Vincent van Gogh, Juan Gris, Pablo Picasso schufen Stilleben, in denen Tabakpfeifen symbolische Bedeutung haben. Ehrenburg schrieb aus Paris, daß er eine kubische Pfeife erworben habe. Die reine Orientierung auf die Gegenständlichkeit führte in der Kunstentwicklung zu einer Idylle, in der den einzelnen Objekten ein fetischartiger Symbolwert zukam. Die Tabakpfeife wurde ein typisches Beispiel dieser Tendenz. Dichter räumten ihr Texte ein, und für Feministinnen wurde die elegante Bruyèrepfeife ebenso unentbehrlich wie der Bubikopf. Als charakteristisch für diese Einstellung kann das Gemälde

»Die Extreme« von Sacha Zaliuk gelten, auf dem eine Dame im Herrenanzug, mit Binder und kurzem, glatt anliegendem, gescheiteltem Haar mit den überschlanken Fingern der rechten Hand eine grazile Pfeife an die Lippen führt.

Einer der Begründer des britischen Pfeifenempires war Alfred Dunhill, der 1907 im renommierten Londoner Stadtviertel St. James' sein bescheidenes Pfeifengeschäft eröffnete. Er offerierte besonders sorgfältig ausgewählte Qualitätspfeifen in strengen – inzwischen klassischen – Formen. Sein Markenzeichen, ein kleiner weißer Punkt, galt bei Kennern bald als Zeichen beständig hohen Niveaus. Nur Ebauchons der besten Sorten gelangten bei Dunhill zur Verarbeitung. Als guter Geschäftsmann und Psychologe kreierte Dunhill zu seinen exzellenten Pfeifen abgestimmte Tabakmixturen, Mischungen für bestimmte Tageszeiten sowie Raucherzahnpasta. Dunhillpfeifen haben ihre Spitzenstellung behauptet, was auch im exklusiven Preis zum Ausdruck kommt. Mehr oder minder zehren alle Pfeifen mit dem Echtheitskennzeichen »London made« von dem durch Dunhill aufgebauten Image.

»London« ist in der Branche auf dem Kontinent die Bezeichnung für ein ursprünglich »Billiard« genanntes Modell, das die wohl konservativste Bruyèrepfeife darstellt. Flacher und breiter ist die »Pot« genannte Form. Varianten bilden die »Dublin« mit schrägem Kopf und die »Liverpool« mit sich verjüngender Kopfbohrung. »Apple« und »Prince« sind gedrungene Ausführungen. Mindestens das Doppelte der sonst üblichen Holmlänge kennzeichnet die »Churchwarden«, eine klassische Lesepfeife, deren relativ kleiner Kopf mit einer Ausbuchtung im unteren Teil ein gleichmäßiges, kühles Rauchen ermöglicht.

Weitere Grundformen werden nach der Art des Holmes unterschieden, der besonders lang (»Lavot«) oder rhomboid (»Bulldog«) ist. Facettierte Köpfe geben eine andere Grundform ab. Bekannteste Ausführung der »Bent« mit gebogenem Mundstück ist die »Prince of Wales«. Im deutschen Sprachraum ist die Bezeichnung »Wurzelstock« hierfür gebräuchlich. Bei den Steckerpfeifen greift das Mundstück ohne Zapfen in den Holm, dessen empfindliches Ende durch einen Metallring (Virole) geschützt wird.

1890 entwickelte die in Dublin 1875 gegründete Firma Peterson in Verbindung mit dem Steckmundstück ein besonderes Kühlsystem, das trotz des Alters keineswegs antiquiert ist. Unterhalb des Rauchkanals läßt eine Bohrung im Holm den Rauchstrom mild und kühl passieren. 60 verschiedene Modelle weist das heutige Firmenangebot der Kapp & Peterson Ltd. aus. Die flachen Mundstücke lenken den Rauchstrom nach oben. Petersonpfeifen werden vor allem von empfindlichen Rauchern geschätzt, die mild rauchen wollen. In ihrem Design entsprechen diese irischen Modelle

85

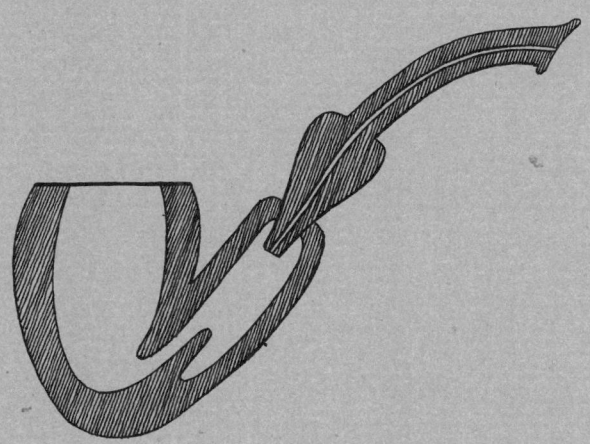

85 Kühlsystem der Petersonpfeife nach einem Firmenprospekt von 1976.

völlig den konservativen englischen Mustern. Seit mehreren Jahrzehnten stellt die Firma nur bewährte klassische Modelle in unveränderter Form her.

Charatan, eine weitere englische Firma, überzeugt durch gut gearbeitete »Giants«, übergroße Pfeifen. Etwa zehn weitere Pfeifenhersteller in Großbritannien sind durch ihr Angebot auf dem Kontinent und in Übersee bekannt.

»BC« ist das Markenzeichen französischer Pfeifen von Butz-Choquin aus der traditionsreichen Pfeifenstadt Saint-Claude. Von dieser Firma kommen Modelle, die in ihrer gediegenen Ausführung und dem konservativen Habitus den englischen entsprechen. Ein weiterer Name mit gutem Klang bei Käufern französischer Pfeifen ist Jeantet. Maßgeblich beteiligt war dieser Hersteller an der Entwicklung mondäner Modelle sowie lederumhüllter, robuster Pfeifen für die Reise.

Zu den ältesten Pfeifenherstellern in der BRD gehört die Vauen-AG in Nürnberg, die ihre Gründung auf das Jahr 1848 datiert und damit aus der Branche der Gesteckpfeifenhersteller kommt. Um die Jahrhundertwende offerierte Vauen Pfeifenfilter aus saugfähigem Papier mit Aktivkohleeinsatz nach einem Patent von Perl. Filtereinsätze blieben Standard der Vauenpfeifen, die auf dem Mundstück einen weißen Punkt zeigen, der etwas größer ausfällt als das Dunhillzeichen. Vermutlich entstanden beide Marken völlig unabhängig voneinander.

Farbige Punkte sind überhaupt ein beliebtes Qualitätszeichen der Pfeifenproduzenten. Exportmodelle von Vauen tragen einen blauen oder grauen Punkt, Howalpfeifen aus der DDR haben einen roten oder goldenen Punkt.

Bemerkenswert bei den Pfeifenherstellern in der BRD ist der Einsatz neuer Materialien, die in anderen Wirtschaftsbereichen erprobt wurden. Schwarz gefärbtes Acrylglas ergibt dauerhaft glänzende Mundstücke. Pyrolitic und Pyroceram, brandhemmende Werkstoffe der Raumfahrtindustrie, bewähren sich als Innenwandung von Bruyèrepfeifen, so daß deren langwierige Einrauchprozedur entfällt.

Aus Reklamegründen wählte die erste dänische Pfeifenfirma den englischen Namen »Stanwell«. Inzwischen sind dänische, überhaupt skandinavische Marken eigenständige Wertbezeichnungen geworden, die sich international durchgesetzt haben. Typisch für die nach dem zweiten Weltkrieg entstandene »Danske Pibe« ist die Freihandgestaltung. Kleine Familienunternehmen stellen oft nur wenige hundert Pfeifen im Jahr her.

W.Ø.Larsen ist einer der führenden Schöpfer von Freehandpfeifen. Wie Alfred Dunhill begann Larsen seine Laufbahn mit dem Handel von Tabakwaren. Das vornehme Bürgerhaus in der Altstadt von Kopenhagen, in dem sich neben dem Geschäft eine umfangreiche Pfeifensammlung befindet, weist den Inhaber als Hoflieferanten aus. Entsprechend königlich sind auch die Preise seiner Kreationen von 500 bis 1000 Kronen.

Ein weiterer Altmeister der dänischen Spitzenklasse ist Jens Chonowitsch. Seine exzellenten Modelle sind häufig nur nach längeren Wartefristen zu erwerben, da nur etwa 40 Pfeifen monatlich entstehen. Asari, ein japanischer bildender Künstler, nutzte einen längeren Studienaufenthalt bei Chonowitsch, um das Gewerbe zu lernen. Inzwischen sind Pfeifen von »Asari Tokyo« ebenfalls Spitzenmodelle, die durch ihre aufwendigen Kopfformen einen eigenen Stil zeigen.

Jörn Mikke, einer der bekanntesten dänischen Designer, entwarf nach altnordischen Gottheiten benannte Pfeifen der Walhallakollektion, die durch ihre Formschönheit bestechen. Ein rot-weiß geteilter Punkt ist das Markenzeichen auf Pfeifen von Anne Julie, der einzigen weiblichen Pfeifengestalterin, die nach dem Tode ihres Mannes dessen Tätigkeit fortführte.

Neben den Unikaten der Freehandmeister stellen bedeutende Firmen Serienmodelle in modernem skandinavischem Stil her. Hierzu gehören Stanwellpfeifen, die ein gekröntes massiv-silbernes »S« tragen, und die jährlich etwa 100 000 ausgelieferten Pfeifen der Firma Jensen.

Auch Produzenten außerhalb Dänemarks haben sich dem Trend angepaßt. Tradition und ausgewogene moderne Kreationen in harmonischen Proportionen halten sich die Waage. Zu ausgefallene Modelle finden bei den vorwiegend konservativ eingestellten Pfeifenrauchern keinen Anklang.

In den osteuropäischen Ländern nimmt die ČSSR eine führende Stellung bei der Bruyèrepfeifenherstellung ein. Pfeifen aus Proseč beziehen Kunden in 35 Staaten in vier Erdteilen. Über die Landesgrenzen hinaus bekannt wurde der sowjetische Pfeifenschnitzer Fjodorow aus Leningrad durch seine Maigretpfeife, die er für den belgischen Kriminalschriftsteller und geistigen Vater des Kommissars Maigret, Georges Simenon, schuf.

Bruyèrepfeifen stellen auch in absehbarer Zeit den größten Anteil auf dem Pfeifenmarkt. Kunststoffpfeifen in Popfarben oder mit nachgeahmter Maserung, die in den USA im Angebot sind, haben sich bisher nicht durchgesetzt. Plastikpfeifen können hinsichtlich Rauchqualität, Gewicht, Hygiene durchaus mit den Bruyèremodellen konkurrieren; den Rauchern ist aber Holz persönlicher und lebendiger. Die Zukunft neuer Materialien ist damit nicht in Abrede gestellt. In den 70er Jahren wurde eine

Leichtmetallpfeife Favorit. Die Markenmodelle »Falcon« mit freiliegendem Rauchkanal innerhalb eines offenen Rahmens haben sich Anerkennung bei Rauchern erworben, die leichte, pflegearme Pfeifen bevorzugen.

Parallel zur Entwicklung der verschiedenen Kühlsysteme für Pfeifen brachte die Tabakindustrie milde Tabakmischungen auf den Markt, die dem heutigen Geschmack der Raucher entsprechen. Neben rauchig-würzigen Tabaken des herben syrischen Lakatiatabaks gibt es helle, trockene Mixturen holländischer Art und mit Duftstoffen von Rum, Whisky, Irish Coffee, Honig, Anis oder Pflaumen angereicherte Sorten. Vakuumverpackt in aromawahrenden Blechdosen oder in praktischen Falttaschen angeboten, ist die Herstellung der Pfeifentabake eine Domäne der Großindustrie. Bei dem reichen Angebot sorgfältig abgestimmter Mixturen besteht keine Notwendigkeit, eigene Mischungen vorzunehmen. Wenn dennoch Tabakhändler ihren Kunden persönliche Sorten mischen und diese Rezeptur unter einer Nummernchiffre für den Nachkauf bereithalten, ist dies nur eine weitere Spielart im umfangreichen Pfeifenritual. Steuerrechtliche Bestimmungen verbieten in verschiedenen Ländern, auch in beiden deutschen Staaten, diese Praxis.

Raucher mit empfindlichen Geschmacksnerven bevorzugen Cavendishmixturen, bei denen der Tabak unter Druck und Wärme eine zweite Fermentation durchmacht, wodurch ein voll aufgeschlossenes Aroma entsteht, das sich bereits bei niedriger Glimmtemperatur entfaltet.

Geeignet für Pfeifen mit kleiner Kopfbohrung ist der feingeschnittene, starke »Shag«. Dr. Watson, die literarische Partnergestalt des Meisterdetektivs Sherlock Holmes, erhielt von diesem den Auftrag: »»Wenn du bei Bradley vorbeikommst, dann laß mir ein Pfund vom stärksten Shagtabak schicken[5]... Als ich die Tür öffnete, war mein erster Eindruck, es sei ein Feuer ausgebrochen, denn das Zimmer war so voller Rauch, daß kaum das Licht der Lampe hindurchdrang. Als ich im Zimmer war, erkannte ich aber, daß es nur der beißende Rauch starken Tabaks war, der mir in die Kehle drang, so daß ich husten mußte.«

Der Ölmillionär Henry Deterding rauchte nur billigen Matrosentabak. Von Josef Stalin ist bekannt, daß er seine Pfeife mit dem Tabak aus aufgerissenen Zigaretten der Marke »Herzegowina Flor« füllte.

Die Pfeife, bereits in ihrer porzellanenen Ära ein Standessymbol, wurde mit der Bruyèrepfeife zu einem Statussymbol. Vor allem Schriftsteller, Wissenschaftler und Politiker lassen sich gern mit ihrer Pfeife konterfeien; der Habitus des ausgeglichenen Rauchers suggeriert die gleiche Haltung im Berufsleben.

Mit großem Werbeaufwand liefert die Branche Utensilien für Pfeifenraucher. Es gibt besondere Gasfeuerzeuge, deren Flamme schräg heraustritt, und Pfeifenkoffer mit kompletten Kollektionen einschließlich des Zubehörs. Für den empfindlichen Pfeifenkopf produziert man Pfeifenascher, in denen ein halbkugeliger Kork zum Ausklopfen der Aschereste dient.

Bereits die Holzgesteckpfeife war ein beliebtes Mittel für karikierende Darstellungen. Auch Bruyèrepfeifenköpfe können anthropomorph gestaltet sein. Porträtgetreue Köpfe zeigen Erich Ollenhauer und John F. Kennedy. Häufig wird hier die Schwelle zum Kitsch überschritten, ebenso bei naturalistischen Pfeifenköpfen in Form eines Fußballschuhs mit Fußball oder bei Pfeifen in Gestalt eines Toilettenbeckens einschließlich des Deckels, die eine amerikanische Firma per Katalog vorstellte. Unübertroffen in ihrer spektakulären Absurdität bleiben Kreationen des Altmeisters Dunhill, beginnend mit Regenschirmen für Pfeifen bis zu den vor einigen Jahren herausgebrachten Bruyèrepfeifen, deren Oberfläche mit einer zwar fein gemalten, hier aber unangebrachten Lackmalerei in ostasiatischer Manier verziert wurde.

Zigarren

Der Hamburger Kaufmann Schlottmann lernte in Spanien die Zigarre kennen. Er fand daran Geschmack und ließ sich die Anfertigung eingehend erläutern. 1788 begann er in seiner Heimatstadt mit der eigenen Herstellung. Der Absatz blieb zunächst gering, immerhin lag der Preis bedeutend über dem des Pfeifentabaks.

1809 äußerte sich das Brockhaus-Conversationslexikon in seiner ersten Auflage noch sehr zurückhaltend über die Zigarre: »Einer besonderen Art des Tabakrauchens muß hier noch Erwähnung getan werden, nämlich der Cigarros: es sind dies Blätter, welche man zu fingerdicken, hohlen Cylindern zusammenrollt und die dann, an einem Ende angezündet, mit dem anderen in den Mund gesteckt und geraucht werden. Diese Art, deren man sich statt der Pfeife im spanischen Amerika bedient, fängt an, auch in unseren Gegenden sehr gemein zu werden; ob dadurch den Rauchern der Geschmack veredelt oder verbessert werde, ist wohl nicht gut zu bestimmen.«

1813 ließ der Inhaber eines Tabakgeschäftes in Stans (Österreich) ein Firmenschild malen, auf dem neben dem Doppeladler, zwei Bund Tabak und einem Pfeifenraucher auch ein

86 Zwei Schlangenpfeifen aus Ton mit Bemalung.
Staffordshire, um 1780, L 36 cm und 24 cm.
Sammlung Syring

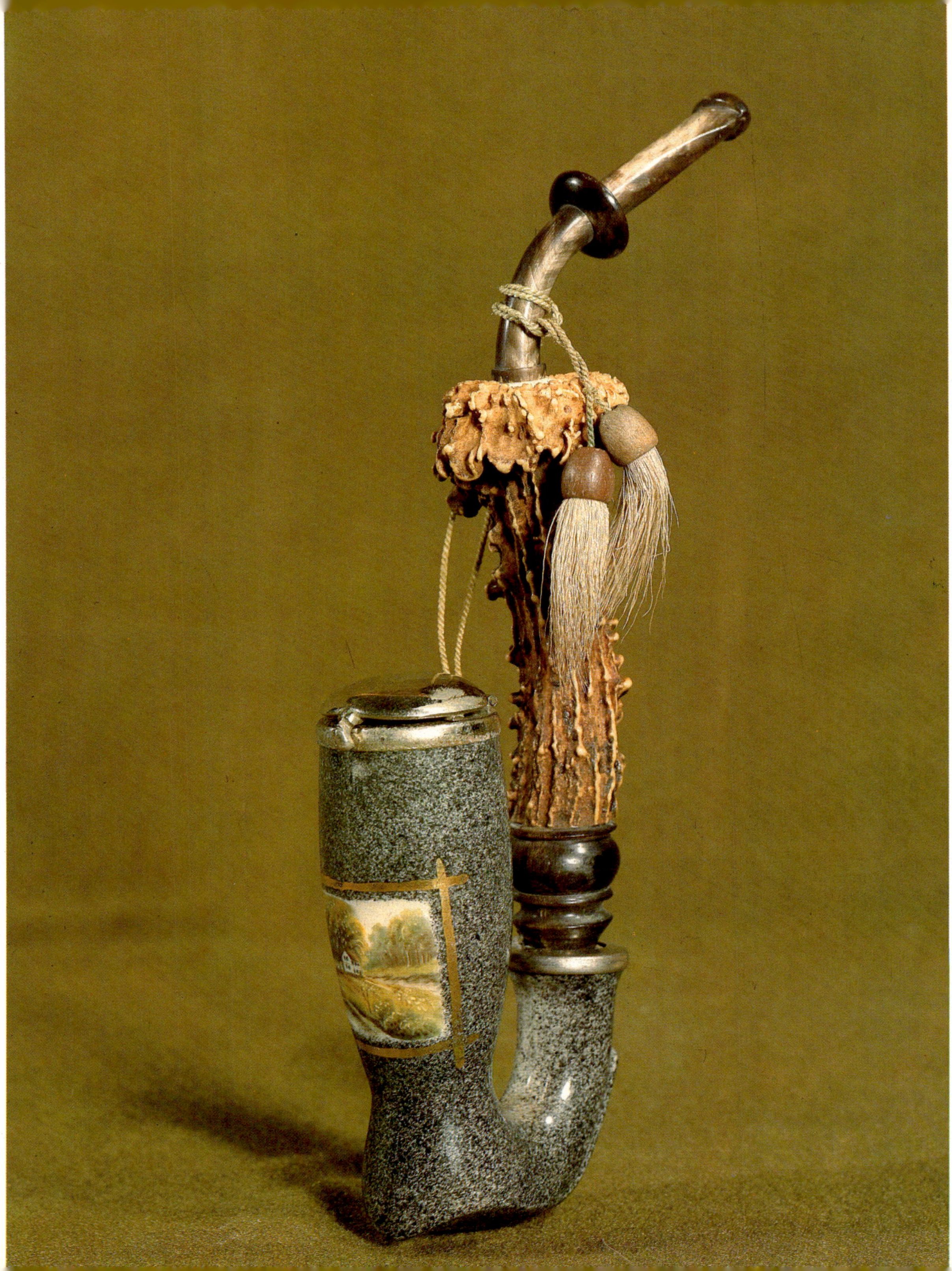

87 *Zweiteilige Gesteckpfeife aus Steinglas und Geweih.*
Auf dem Pfeifenkopf eine Landschaft. Anfang 19.Jh.,
H 11 cm. Berlin, Museum für Deutsche Geschichte

88 *Pfeifenkopf aus Messing mit heraldischem Relief.*   **107**
Deckel in Form eines Wasserkessels. 19.Jh.,
H 9,5 cm. Berlin, Museum für Deutsche Geschichte

90 *Pfeifenkopf aus Holz mit Blechapplikation.*
Archangelsk, 19.Jh., H 16 cm.
Leipzig, Museum für Völkerkunde

91 *Glaspfeife vom Craneburnetyp.*
England, 1860–1880, L 40 cm. Sammlung Syring

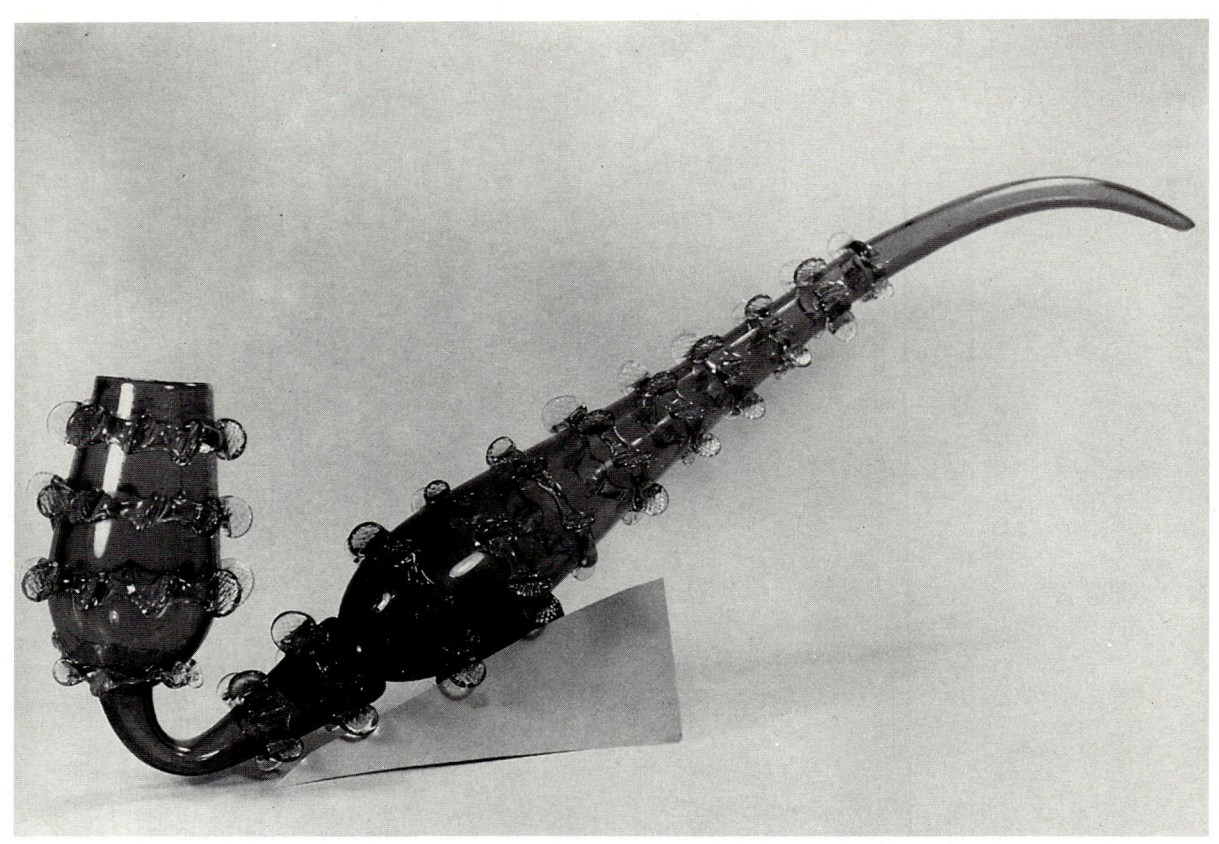

92 *Goralenpfeife aus Kiefernholz mit Messingblech.*
Hohe Tatra, Polen, 1974 erworben, L 21 cm.
Sammlung Libert

93 *Holzpfeife mit Silberblech verkleidet.*
Anfang 20. Jh., L 22 cm. Sammlung Libert

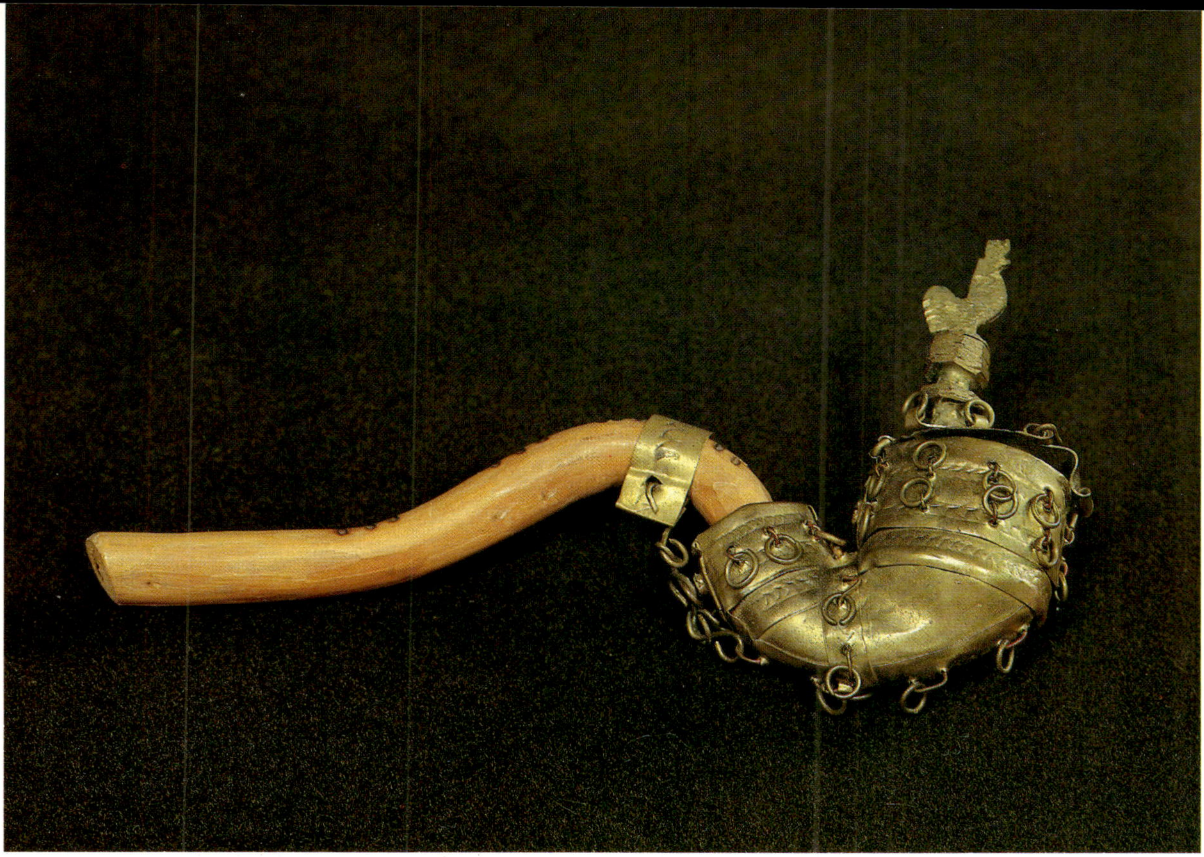

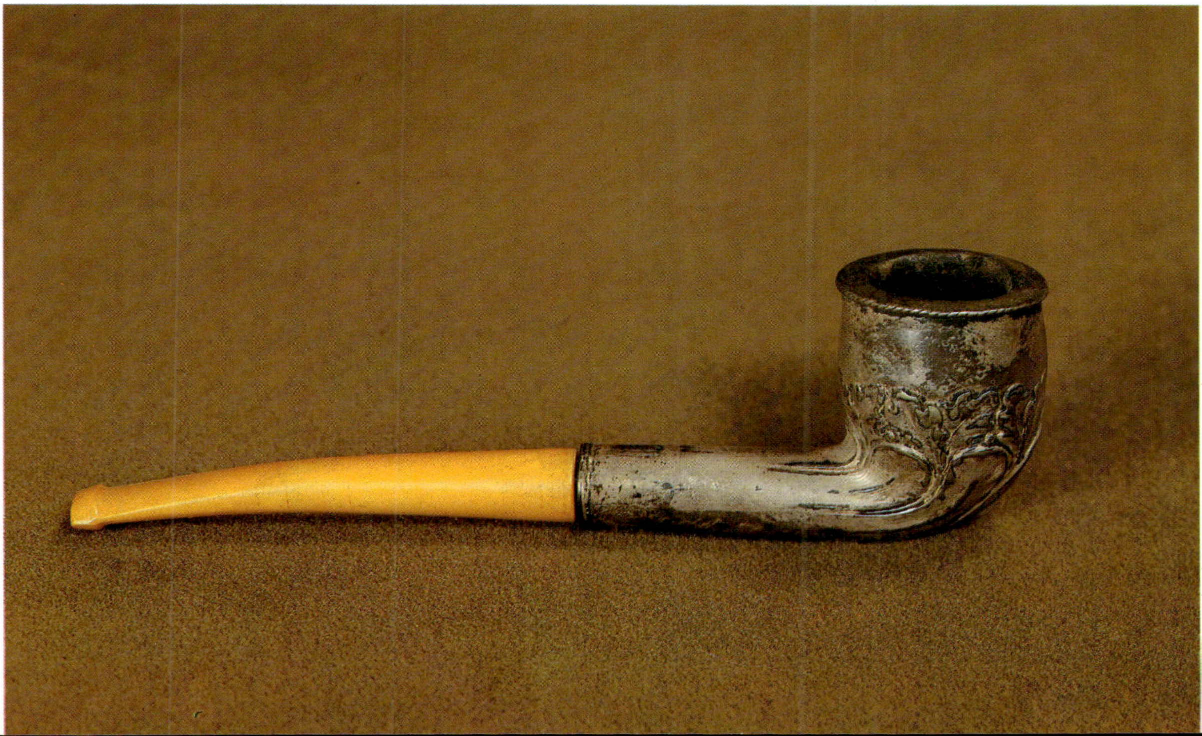

94 Moderne Holzpfeifen.
Herkunft Sowjetunion, Bulgarien, Rumänien,
L 15,5 cm, 14 cm und 13,6 cm.
Sammlung Libert

BRUYÈREPFEIFEN

95 Freehandgearbeitete Bruyèrepfeife der Gegenwart
aus Dänemark. L 16,5 cm. Hamburg, Archiv Danske Pibe

*96–98 Moderne Freehandpfeifen. Bruyèreholz,
Dänemark, L 14,8 cm, L 16,8 cm und H des Kopfes 5 cm.
Hamburg, Archiv Danske Pibe*

99 Italienische Bruyèrepfeife.
Pfeifen aus diesem besonders hellen Holz gelangen
unter der Markenbezeichnung »Meereskoralle«
in den Handel. H des Kopfes 5,5 cm.
Mailand, Firmenarchiv Savinelli

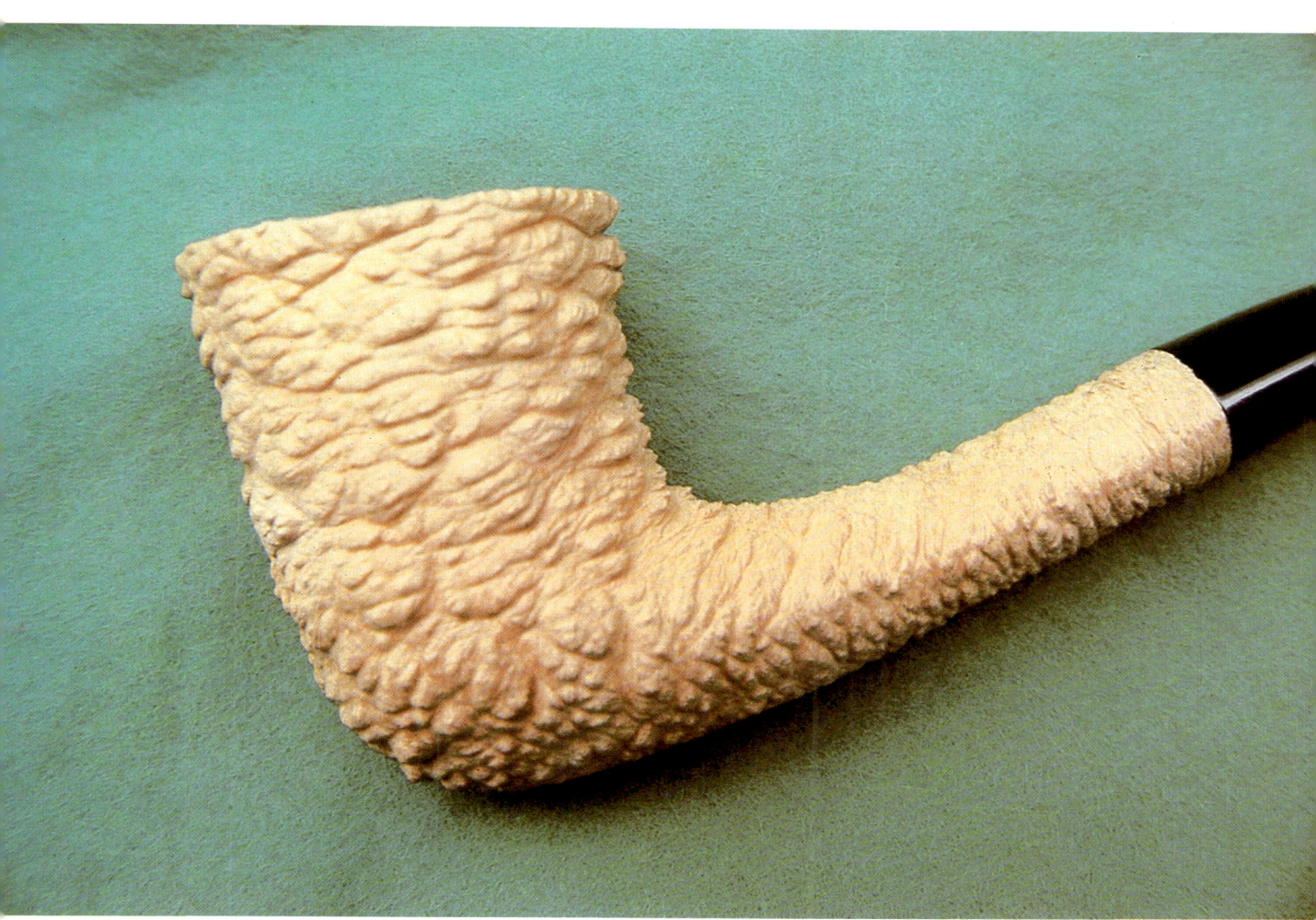

100 Maiskolbenpfeife, als »Missouri-Meerschaum«
im Handel.
Das Plastmundstück ist mit Papierfilter ausgestattet.
Washington, Missouri, L 18 cm. Sammlung Libert

Paket Zigarren abgebildet war. Allmählich nahm die Verbreitung der Zigarren zu. Man schätzte sie als gebrauchsbereiter im Gegensatz zu der bedächtig zu stopfenden Pfeife. Und bald sah man in den aufkommenden Eisenbahnen nur noch Reisende der unteren Klassen mit der Pfeife, der modebewußte Herr genoß die Zigarre.

Als im Spätsommer 1831 die Asiatische Grippe zum ersten Mal in Mitteleuropa Schrecken erregte, gab man weitläufige Schutzregeln bekannt. Eine davon lautete, daß Tabakrauch vor der Ansteckung schütze. In Berlin hob man zeitweilig das Rauchverbot in der Öffentlichkeit auf. Neben den Tabakhändlern nahmen Kolonialwarenhändler Zigarren in ihr Angebot auf. Der Berliner Kaufmann Buddee kam auf die Idee, seinen Kunden zu den Zigarren eine gläserne Zigarrenspitze anzubieten. Ambulante Straßenhändler priesen in Gartenlokalen ihre Ware im Bauchladen an. Weithin war ihr eigentümlicher Ruf: »Cigarro, avec du feu!« zu vernehmen.

Den Modedandies galt die Pfeife bald als philisterhaft, sie rauchte man im Haus, öffentlich zeigte man sich mit der legeren Zigarre. Namentlich in der Restaurationszeit galt den Konservativen das Zigarrenrauchen als umstürzlerisch, war es doch eine demokratisch nivellierende Tendenz in den Umgangsformen. So klagte die reaktionäre »Neue preußische Staatszeitung«: »Die Cigarre ist das Szepter der Ungenirtheit. Mit der Cigarre im Munde sagt und wagt ein junges Individuum ganz andere Dinge, als es ohne Cigarre sagen und wagen würde.«

Bremen, neben Amsterdam das bedeutendste Zentrum der Zigarrenindustrie, förderte durch den Einsatz von Maschinen die Entwicklung billiger Volkszigarren. Qualitätszigarren werden heute noch in sorgfältiger Handarbeit gewickelt. Echte Weinkenner bevorzugen möglichst reine Sorten – bei den Zigarren kommt die gewünschte Geschmacksrichtung erst durch das Mischen von etwa zehn verschiedenen Tabaksorten zustande. Jede Zigarre besteht aus Einlage, Umblatt und Deckblatt. Der Wickelmacher nimmt eine entsprechende Portion Einlage, formt die gewünschte Fasson, rollt das Umblatt herum und preßt den Wickel in einer Holzform. Jeweils 20 Wickel gelangen in ein Formbrett. Damit keine Preßkanten entstehen, erfolgt ein regelmäßiges Wenden. Bereits beim Wickelmachen ist sorgfältige Arbeit für das gleichmäßige Glimmen der fertigen Zigarre entscheidend. Den gepreßten Wickel übernimmt der Roller. Seine Arbeit bestimmt die äußere Form der Zigarre. Mit einem Spezialmesser trennt er die Hälfte eines Tabakblattes von der Hauptrippe und umhüllt damit den Wickel. Je nach dem Teil des Blattes werden rechts und links gewickelte Zigarren unterschieden. Links gedeckte Zigarren haben die hellere Blattunterseite außen, hervortretende Adern können das Aussehen beeinträchtigen. Das Mattieren der Zigarren mit Tabakpuder führt zu einer gleichmäßigen Färbung.

Es folgt das Sortieren der fertigen Zigarren nach Farbnuancen. Amerikanische Hersteller lassen erst von einem Vorsortierer die Hauptsortimente grau, fahl, blond, braun, rot trennen, um dann beim Feinsortieren in bis zu 180 Unterfarben aufzugliedern. Farbtrennungen über hundert Nuancen hinaus sind sehr aufwendig, beanspruchen die Augen des Sortierers und bleiben ohne Einfluß auf die Qualität. Nach Bremer Art werden nur die Vorfarben hell, mittel, dunkel getrennt. Das Reinsortieren erfolgt in rot, braun, blaßfahl. Fünf bis sechs Farben sind beim Sortieren nach Hamburger Art üblich. Der Sortierer ordnet die Zigarren nach den Farbnuancen in die Verpackungskisten ein. Besonderer Sorgfalt bedürfen die Zigarren der obersten Lage, des Spiegels.

Üblich ist das Verpacken in Kisten mit 10, 20, 50 oder 100 Zigarren. Moderne industrielle Packungen mit Zellophan oder Blech sind zwar praktisch und hygienisch, geben aber nach Meinung von Zigarrenkennern dem Tabak keine Möglichkeit zum Atmen. Für gute Zigarren entstehen in der firmeneigenen Kistenmacherei angenehm würzig duftende Kisten aus afrikanischem Gabunholz (Okoume), Zeder *(Cedrela odorata)* oder veredelten einheimischen Hölzern.

101 Zigarrenladen im Bremer Hafenviertel.
Stahlstich von H. W. Brennhäuser nach einem Gemälde
von H. Rohmberg, Die feinste Sorte. Mitte 19. Jh.
Bremen, Focke-Museum

Deckel, Seitenteile und Verschluß der Holzkisten erhalten dekorative Bilder zur Zierde und zu Reklamezwecken. Überladene Fülle, süßlich-sentimentale Porträts und nationalistische Überheblichkeit kennzeichneten die Thematik am Ende des 19. Jahrhunderts. Obskure Medaillen von Gewerbeausstellungen gaukelten Qualität vor. Nur wenige Firmen waren nicht diesem Niedergang der graphischen Gebrauchskunst unterworfen und ließen weiterhin ihre traditionellen Werkansichten aus der Vogelperspektive und reizende Szenen anfertigen. Allein die echten Havannazigarren haben stets schlichte, lediglich mit Brandzeichen gestaltete Kisten benötigt. Die ausgeprägte Exklusivität dieser Marken benötigte keine vordergründige Reklame. Seit etwa 1890 werden besonders edle Zigarren separat in geschliffenen Glasröhrchen, Holzkästen mit Schieber für nur eine Zigarre oder aromaschützenden Aluminiumhüllen gehandelt.

102

Ein eigenes Sammelgebiet, die Vitaphilie, kam mit den Bauchbinden der Zigarren um 1900 auf. Als Erfinder dieser Zierstreifen gilt der in Kuba ansässige Pflanzer Gustav Block. Ursprünglich bezeichneten die Bauchbinden

111, 112

nur den Markennamen. Heute regen Serien aus allen gesellschaftlichen Bereichen zum Sammeln an. Historische Bauwerke, Stadtwappen, Volkstrachten nehmen in der Beliebtheit bei Sammlern Spitzenpositionen ein. In der Sowjetunion wurde eine Folge mit den Brustbildern berühmter Clowns emissiert. Emil Sierotta, ein Berliner Sammler, registriert in seinen Alben über 10000 Bauchbinden aus elf Ländern.

Nach 1900 sammelten vor allem Mädchen und Frauen diese Zigarrenbauchbinden. Es galt als modern, hiermit Glasuntersetzer, Ascher und Gläser zu bekleben. Für derartige

»Mosaikarbeiten« gab es sogar Anleitungsbücher.

Selbst für Nichtraucher sind die Havannazigarren der Inbegriff höchster Güte. Dabei unterscheiden sich die in Europa angebotenen Havannas bedeutend von den echten kubanischen Zigarren, die in dem etwa 30 mal 120 km großen Anbaugebiet um die Hauptstadt der Inselrepublik entstehen. Kubanischer Tabak erlangt in Europa vorwiegend nur als Umblatt Verwendung. Für das Deckblatt bevorzugen die Raucher hellere Tabaksorten, indonesische und einheimische Tabake. Gleiches gilt auch für Brasilzigarren.

In den letzten hundert Jahren hat sich der Geschmack der europäischen Zigarrenraucher bedeutend gewandelt. Honoré de Balzac, selbst Zigarrenraucher, schrieb: »Oh, jetzt rauchen . . . sehen, wie eine Havannazigarre zwei Fingerbreit vor meinen Lippen verbrennt. mich in holde Träume versinken läßt, sich in blauem Dunst auflöst – gleich der Liebe.« Die hier beschworene narkotische Wirkung des starken Tabaks war es, die spätere Rauchergenerationen zu einer leichteren Zigarre oder zu dem kleineren Zigarillo greifen ließ, dessen Genuß anregend wirkt.

Erhalten haben sich aus der einstigen Vormachtstellung der lateinamerikanischen Länder Fachbezeichnungen der Zigarrenbranche. Klassische Zigarrenformen sind die torpedoförmige, an den Enden spitz zulaufende »Regalia« und die kürzere »Trabucco«.

Eine Schweizer Entwicklung ist der zur Brandseite hin offene »Stumpen«, der weitgehend maschinell hergestellt wird. 1847 entstand im Tessin die leichte »Virginia« mit langem Mundstück.

Zigarrenhändler bezogen ursprünglich ihre Waren in größeren Kisten à 1000 Zigarren. Vermögende Raucher deckten sich mit gleichen

Mengen ein, die sie im Rotweinkeller lagerten. Für den Tagesbedarf gab es schlichte Holzkästen und dekorative Behälter für den Schreibtisch oder als »Dr. Qualm's Werke« betitelte Buchattrappen.

1842 erfand Girandet die lederne Zigarrentasche mit Stahlbügeln, Prützmann vervollkommnete sie ein Jahr später durch das Einlegen von Falten, die eine sorgfältige, getrennte Aufbewahrung garantieren. Moderne Tabakboxen für Zigarren sind mit Feuchtigkeitsregler, Thermo- und Hygrometer ausgestattet.

Für die Zigarrenraucher wurden an den traditionellen Zentren Meerschaumspitzen gefertigt, deren Herstellung sich geringfügig von der Pfeifenschnitzerei aus dem gleichen Material unterschied. Da sich beim Zigarrenrauchen keine schützende Rußschicht absetzt, erhielten diese Spitzen einen sorgfältig eingepaßten Aufsatz.

Ludwig II. von Bayern ließ einen Sechserzug Pferde mit der Staatskarosse auf eine 56 cm lange und 20 cm hohe Meerschaumspitze schnitzen, die er an einen Hofschauspieler verschenkte. Der König besaß die gleiche Spitze aus Elfenbein.

Recht modern mutet ein elektrischer Zigarrenanzünder an, den der österreichische Kaiser Franz Josef von dem deutschen Kaiser Wilhelm II. erhielt und der sich im Arbeitszimmer der heute museal gestalteten Residenz Linz befindet.

Zigarrenverehrer waren unter anderen Richard Wagner, Mark Twain, George Bizet, Winston Churchill und der ehemalige UNO-Generalsekretär U Thant. Johannes Brahms rauchte derart starke Zigarren, daß Freunde meinten, man könne davon höchstens die Hälfte mit Genuß rauchen.

In den lateinamerikanischen Ländern, in Spanien und Portugal waren Zigarren rauchende Frauen kein ungewohnter Anblick. Anders in Mitteleuropa. Hier erreichte das Zigarrenrauchen der Damen dagegen nicht den gleichen Umfang, der den Pfeifenraucherinnen einzuräumen ist.

Original im Zustand von 1860 ist der Zigarrenladen von C. Friese im Bremer Focke-Museum zu besichtigen. In Turku (Finnland) zählt ein Tabakwarenladen aus dem vergangenen Jahrhundert zu den Bestandteilen eines Freilichtmuseums. *104*

102 Superbauchbinde einer Zigarre, Niederlande.
Sammlung Libert

Zigaretten

Etwa 1720 begann die Schnupftabakmanufaktur in Sevilla mit der zusätzlichen Herstellung von Zigaretten, die man »Papelitos« oder »Pagitas« nannte. Giacomo Casanova, dessen Memoiren neben erotischen Abenteuern viele interessante Anmerkungen zur Lebensweise im 18. Jahrhundert enthalten, beschrieb einen Zigarette rauchenden Herbergswirt auf der Iberischen Halbinsel: »Der gute Mann rauchte nachlässig seine Sigarito von brasilianischem Tabak in einem zusammengerollten Stückchen Papier und stieß mit würdevoller Miene dichte Rauchwolken aus.«

Georges Bizet hat die spanischen Zigarettenarbeiterinnen in seiner Oper »Carmen« unsterblich gemacht. Der Chor der Mädchen singt hier:

»Sehet, wie Raucheswolken ziehn
In die Lüfte
kräuselnd dahin
und verbreiten holde Düfte.
Sanft betäubet, schlürft den Rauch
mit den Lippen
und wie im Hauch
laßt uns süße Wonne nippen.«

Von Spanien aus gelangte die Zigarette in andere Länder. In Frankreich gab es seit 1844 eine eigene Produktion. Man verarbeitete zunächst schwere amerikanische Tabake, die nach wenigen Zügen narkotisierend auf die Sinne einwirkten und keinen gleichbleibenden Rauchgenuß gaben. Erst mit der Verwendung leichter Orienttabake setzte eine schnelle Verbreitung der Zigarette ein. Die klimatischen Bedingungen lassen den Tabak in Anatolien, Griechenland, Italien und Bulgarien voll ausreifen. Unerwünschte Eiweißverbindungen brauchen nicht in einem komplizierten Fermentationsprozeß entfernt zu werden, sondern verlieren sich durch die Reife.

Die leichte Orientzigarette trat um die Mitte des 19. Jahrhunderts von Rußland aus ihren Siegeszug an. Während des Krimkrieges 1856 lernten Engländer, Franzosen und Italiener die leichten Zigaretten schätzen, die man selbst rollen konnte und die keine besonderen Lagerungsforderungen stellten. Heimkehrende verbreiteten die neue Rauchform in ihren Heimatländern, machten sie in den Klubs gesellschaftsfähig und bewogen die Tabakhändler, Orientzigaretten in ihr Angebot aufzunehmen.

1862 errichtete ein russischer Staatsbürger in Dresden die erste Zigarettenfabrik in Deutschland. 1909 entstand in dieser Stadt die eigenwillige Werkanlage der Zigarettenfabrik Yenidze. Der Architekt Martin Hammitsch entwarf einen Kuppelbau in der Art einer orientalischen Moschee mit starkfarbener Kachelumkleidung und dem als Minarett umkleideten Schornstein. Der Fabrikbau war eines der ersten in Skelettbauweise errichteten Gebäude in Europa. Für den Fabriknamen war die Ortsbezeichnung des bedeutenden türkischen Tabakanbaugebietes gewählt worden. Heute dient der phantasievolle Bau dem VEB Tabakkontor als Lager.

Die Zigarette, anfangs als Surrogat für rauchschwache Jünglinge verlacht, erlangte bis zum ersten Weltkrieg unter den Genußformen des Tabaks die führende Stellung, die sie noch immer innehat. Oscar Wilde lobte sie mit folgenden Worten: »Die Zigarette ist der vollendete Ausdruck eines vollkommenen Genusses. Sie ist exquisit und läßt uns unbefriedigt. Was kann man mehr verlangen.« Für den

Massenkonsum gefertigt, für einen kurzen, wenig intensiven Genuß abgestimmt, ist die Zigarette höchstens elegant, nie kostbar.

Nur durch die vollautomatische Herstellung können die erforderlichen Mengen an Zigaretten produziert werden. Der Monatsausstoß einzelner Firmen wird in Millionen Stück gemessen.

1878 führte der Franzose Durand auf der Pariser Weltausstellung seine Zigarettenmaschine vor. Zwei Jahre später zeigte Bergstößner in Rußland eine Weiterentwicklung, die, von dem Amerikaner Bonsack verbessert, in den Fabriken Einzug hielt. Nach 1910 verdrängten überall Automaten die Zigarettenwickler von ihren Arbeitsplätzen.

Bei der Herstellung mischt man verschiedene Tabaksorten, so können geringfügige – klimatisch bedingte – Unterschiede der einzelnen Ernten besser überbrückt werden. Dem Mischen folgt das Schneiden, dann das Stopfen. Bereits um die Jahrhundertwende erzielten Bonsackmaschinen Tagesleistungen von 50000 bis 60000 Zigaretten. Moderne schwedische Automaten stellen täglich eine Million Zigaretten her. Vor dem Verpacken erhält die Papierhülle den jeweiligen Markenaufdruck.

In den letzten Jahren stieg der Anteil von Filterzigaretten sowie von Marken, die der Reklame nach »nikotinarm im Rauch« sind. Ursprünglich übernahm ein Kork die Funktion des Filters. Als nach dem zweiten Weltkrieg Deutschland von den Alliierten besetzt wurde, erlangten Zigaretten den Wert einer Schwarzmarktwährung. Man rauchte vorwiegend die schweren amerikanischen Marken. In den 50er Jahren kamen leichte Zigaretten auf den Markt, die inzwischen über 80 Prozent des Konsums bestimmen. 1968 fertigte die Zigarettenindustrie der BRD monatlich 7,9 Milliarden Zigaretten, davon nur 1 Milliarde ohne Filter. Dieser Trend zu leichten Marken ist weltweit. Selbst in Frankreich, wo die starke »Gauloise« fast zum nationalen Image gehörte, stieg innerhalb weniger Jahre der Anteil nikotinarmer Zigaretten um zehn Prozent.

Für den steigenden Anteil der leichten Filterzigaretten sind unterschiedliche Faktoren verantwortlich. Zum einen hat sich der Geschmack gewandelt, zum anderen darf die Wirkung medizinischer Aufklärung nicht unterschätzt werden.

Lange Zeit bestimmten Gruppen, die aus religiösen, politischen oder volksheilkundlichen Gründen jeden Tabakgebrauch ablehnten, den Kampf gegen die Raucher. Junge Anarchisten sangen vor dem ersten Weltkrieg:

»Oh, heiliger Fridolin, oh, heiliger Fridolin,
laß Spießerlungen pfeifen, vor lauter Nikotin,
wir jungen Anarchisten sind wieder,
    wieder da!«

In vielen Staaten bildeten sich Vereinigungen von Tabakgegnern. Da in der Argumentation der Tabakfeinde nicht zwischen Genuß und Mißbrauch unterschieden wurde, blieb die Wirkung aus. Erst mit der differenzierten medizinischen Aufklärung, die inzwischen sogar auf der Ebene der Vereinten Nationen betrieben wird, konnten Erfolge erreicht werden.

Eine weitere Förderung leichter Zigarettenmarken brachte die Zunahme weiblicher Raucher mit sich. Nur mit der Schnupftabakdose in der Hand war die Frau bisher dem Manne im Tabakgenuß gleichgestellt. Rauchende Frauen mit Pfeife oder Zigarre galten als regionale Besonderheiten oder als Vorkämpferinnen der Emanzipation.

Die Industrie bietet seit etwa 50 Jahren aromatisierte Zigaretten für Damen an. Propolis, ein Klebwachs der Bienen, gehörte zu den

ersten speziellen Aromatika. Eigene Raucher-
abteile für Damen richtete die Verwaltung der
britischen London and North-Western Rail-
way in den 30er Jahren ein.

In der Zigarettenbranche nimmt die Wer-
bung eine bedeutende Stellung ein. Raffinier-
te, von Werbepsychologen entworfene Pak-
kungen, überlange Formate, Goldglanz ersetzen die fehlenden qualitativen Unterschiede
der einzelnen Marken. Haus Neuerburg, einer
der fünf größten Zigarettenhersteller in der
BRD, veranschlagte 1960 jährlich vier bis fünf
Millionen Mark als Werbekosten.

1898 schuf der aus Prag stammende Alfons
Maria Mucha ein sechsfarbiges Werbeplakat
114 für Zigarettenpapier der Marke »JOB«. Über-
einandergedruckte Farben erzeugen eine
schillernde Eleganz. Muchas goldhaariges Re-
klamemädchen gehört zu den Glanzlichtern
der graphischen Gebrauchskunst des Jugend-
stils.

Für den flüchtigen Genuß gedacht, hat die
Zigarette kaum bedeutendes Zubehör. Der
äußere Schein galt mehr als der Wert. Typisch
hierfür sind die im Art Deco entwickelten
Etuis aus Alpaka mit reizvollen Einlegearbeiten aus billigem Kunststoff. Beliebt waren auf-
fallend lange Zigarettenspitzen. Edgar Wal-
lace, der erfolgreiche Kriminalschriftsteller,

ließ sich mit einer derartigen Spitze fotogra-
fieren.

Anknüpfend an die Pfeifenstopfer in Gestalt
eines Frauenbeines stellten Porzellanmanufakturen ähnliche Zigarettenspitzen her. Ge-
103 schnitzte Zigarettenspitzen als Objekte der
Volkskunst gab es nur sporadisch. Bei den
prädestinierten Schnitzern, den Hirten und
Waldarbeitern, fand die Zigarette erst spät
Verbreitung, sofern sie sich hier überhaupt
durchsetzte. Hinzu kam, daß diese Berufe
einem Wandel unterzogen waren, der die
Schnitztraditionen auflöste.

Niveauvolles Zubehör fertigte man in dem
Pionierland der modernen Zigarettenindustrie, in Rußland. Bereits in den 40er Jahren
des 19. Jahrhunderts stellte die Porzellanmanufaktur in Petersburg Service mit zwölf pfei-
fenförmigen Spitzen her.

Im Gebiet Iwanowo (RSFSR) entwickelte
sich im 17. Jahrhundert eine umfangreiche
Lackmalerei. Bauern betrieben in den Win-
termonaten die Miniaturmalerei als Nebenerwerb. Pappmaché- und Holzgegenstände erhielten einen Farbauftrag, dessen Grundlage
Eitempera mit Essig bildete.

Seit den 20er und 30er Jahren unseres Jahrhunderts erlebt diese Volkskunst in der Sowjetunion eine neue Blüte. Zigarettenetuis im

103 Geschnitzte Zigarettenspitze. Deutschland, 20.Jh.,
L 12 cm. Schwedt (Oder), Stadtmuseum

Staatlichen Museum der Stadt Iwanowo zeugen von der vollendeten Meisterschaft der russischen Volkskünstler, die ihre Motive aus der reichen Volkspoesie schöpfen. Beliebte Themen auf den schwarzgrundigen Etuis sind rasende Troikas, reitende Recken und Szenen, die eine Verwendung als Liebesgaben nahelegen.

Auf dem Balkan war im Volksglauben die Meinung verbreitet, daß man aus der Art des Zigarettenrauchens auf den Charakter des Rauchers schließen könne. Wer dem Rauch sinnend nachblickte, galt als liebenswerter Tor, wer den Rauch hastig durch die Nase ausblies, als streitsüchtig, und demjenigen, der seine Zigarette gleichmäßig rauchte, konnte man vertrauen.

Kautabak zum Priemen

Bei bestimmten Tätigkeiten ist das Rauchen wegen der Brandgefahr nicht möglich. Außerdem bedürfen alle Raucharten bestimmter, regelmäßiger Handhabungen. Für Bergleute, Mühlenarbeiter und Seeleute war mit dem Kautabak ein Äquivalent gegeben.

Der Begriff Kautabak ist ungenau. Man kaut den Priem nicht, sondern steckt ihn zwischen Wange und Kiefer, um ihn allmählich auszusaugen.

,Sicher wurde anfangs der im Strang gesponnene Rauchtabak genossen. Echter Kautabak existierte in Schweden bereits um 1680. In Deutschland und den Niederlanden setzte die Herstellung um 1800 ein. Nach der gedrungenen Form erhielten die Stücke die niederdeutsche Bezeichnung »Pruim« (Pflaume), aus der Priem wurde. Zentren der Produktion entstanden in Flensburg, Kiel und Nordhausen. Verarbeitet wurde schwerer amerikanischer Tabak mit einem hohen Nikotingehalt, um 4,5 Prozent. Aus New Orleans gelangte der in Fässern verpackte Tabak in 90 Tagen mit Segelschiffen nach Europa. Während der Überfahrt fermentierten die Tabakblätter. Allerdings verteuerte die Reise den Kaufpreis beträchtlich. Nordhausen bezog deshalb seit der Weltwirtschaftskrise von 1929 den wesentlich preiswerteren Kentuckytabak, der in Italien zur Zigarrenherstellung angebaut wurde.

Nach der Ernte werden die Tabakblätter über offenem Hartholzfeuer geräuchert. Dann legt man die gelösten Blatthälften in eine warme Soße. Die Bestandteile der Beize – deren genaue Zusammensetzung von den Firmen als Betriebsgeheimnis gehütet wird – erinnern an die Fertigung von köstlichen Pfefferkuchen: Honig, Traubenzucker, Fruchtsäfte, Gewürznelken, *(Syzygium aromaticum)*, Zimt *(Cinnamomum verum)*, Anis *(Pimpinella anisum)*, Lakritze. Zur Geschmacksabrundung kommen dazu noch kräftiger Rotwein, Rum oder Sherry. Mehrere Tage reift die Mischung in offenen Eichenholzfässern. Anschließend windet der Tabakspinner aus dieser Einlage *119* und den Deckblättern ein langes Seil, das als Rolle in einen Trockenraum gelangt. Den Abschluß der Herstellung nimmt das Soßen der Deckblätter mit einer Mischung von weiteren Aromastoffen (Sirup, Fruchtextrakte) sowie konservierenden Bestandteilen (Glyzerin, Salze, Gerbsäure) ein. Früher erwarb der Kunde den Kautabak als Strang, von dem er für den Genuß Stücke abschnitt. Praktischer ist die Verwendung mundfertiger Stücke, die in Blech- *118* dosen oder Zellophanpäckchen angeboten werden.

Kautabak erlangte vorwiegend Bedeutung als Stimulans bei schwerer körperlicher Arbeit.

ZIGARREN

104 *Tabakwarenladen der Firma Friese, Bremen, um 1860.*
Originalinterieur heute im Focke-Museum Bremen.

105 *Zigarrengarnitur. An der geriffelten Reibplatte wurden die Schwefelhölzer angezündet. In einem Becher waren die Zündhölzer, im anderen stand eine Kerze. Sechs Zigarren konnten in den Vertiefungen der Grundplatte stecken. Unter dem zentralen Zigarrenabschneider diente die Scheibe zum Abstreifen der Asche. Ende 19.Jh., D 21 cm. Schwedt (Oder), Stadtmuseum*

106 *Zigarrenspitze: Leda mit dem Schwan. Meerschaum mit Bernsteinspitze, Ende 19.Jh., L des Kopfes 9,5 cm. Schwedt (Oder), Stadtmuseum*

107 *Zwei Zigarrenspitzen im Etui. Meerschaum mit Bernsteinspitzen, Deutschland, Ende 19.Jh., L 12 cm und 13,6 cm. Sammlung Libert*

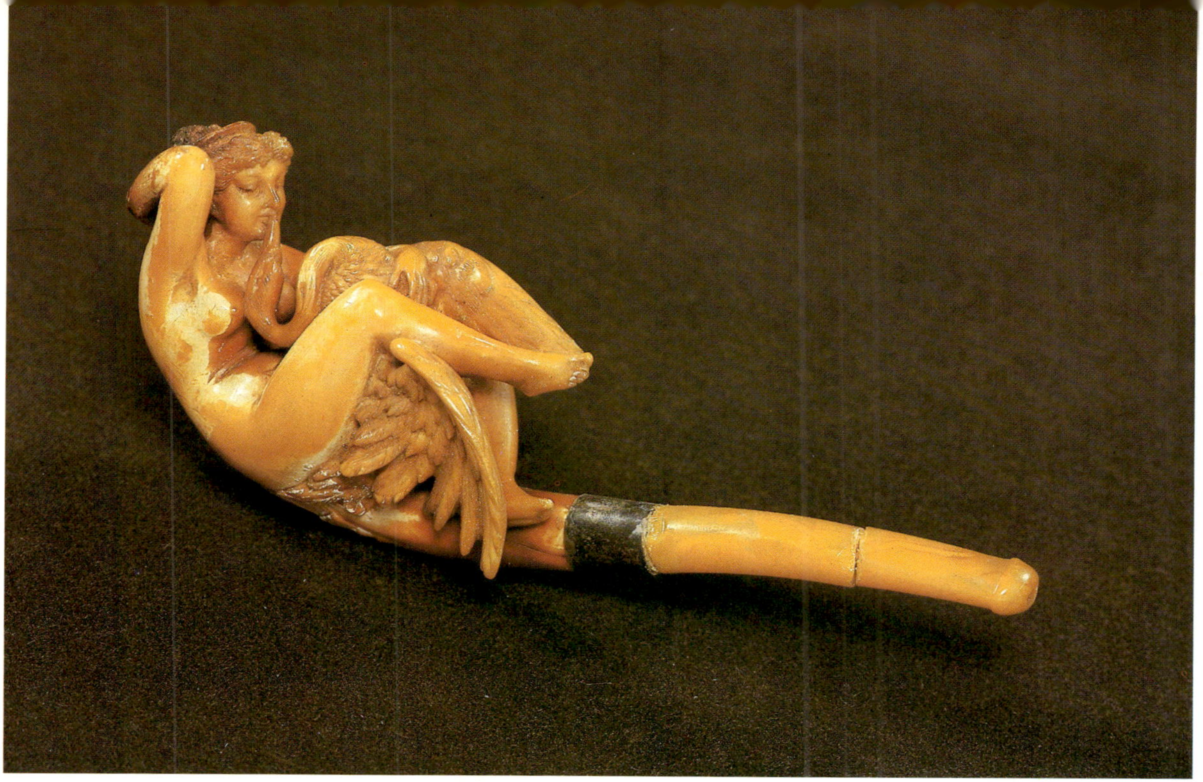

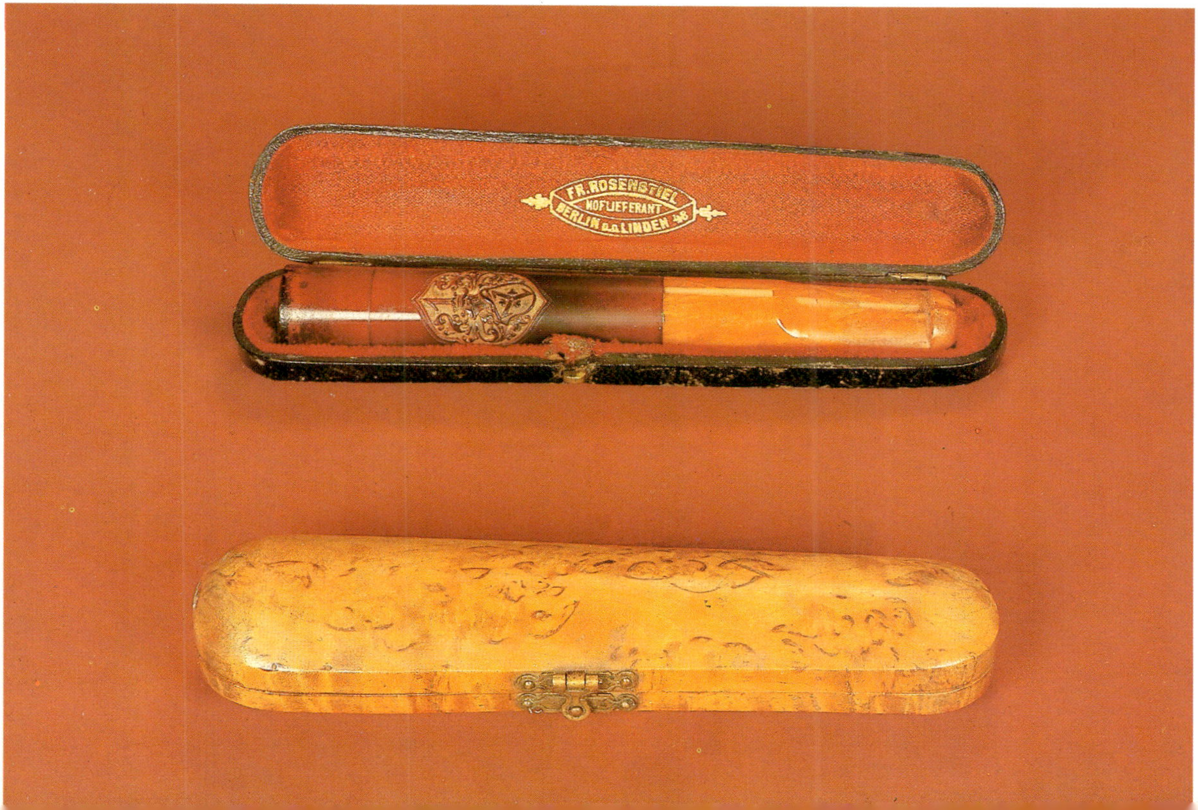
FR. ROSENSTIEL
HOFLIEFERANT
BERLIN U.d. LINDEN 46

108 *Deckblatt einer Zigarrenkiste. Die überladene Fülle der Goldmedaillen ist typisch für die Gründerzeit. Deutschland, um 1900, 16×18 cm. Sammlung Libert*

109 *Zigarrenspitze aus Meerschaum mit Bernsteinmundstück. Um 1900, L 10 cm. Sammlung Rust*

110 *Pfeifenförmige Zigarrenspitze in Gestalt eines Männerkopfes. Die individuellen Züge lassen vermuten, daß eine reale Person porträtiert wurde. Holz mit Meerschaumeinsatz, um 1900, H des Kopfes 4 cm. Berlin, Märkisches Museum*

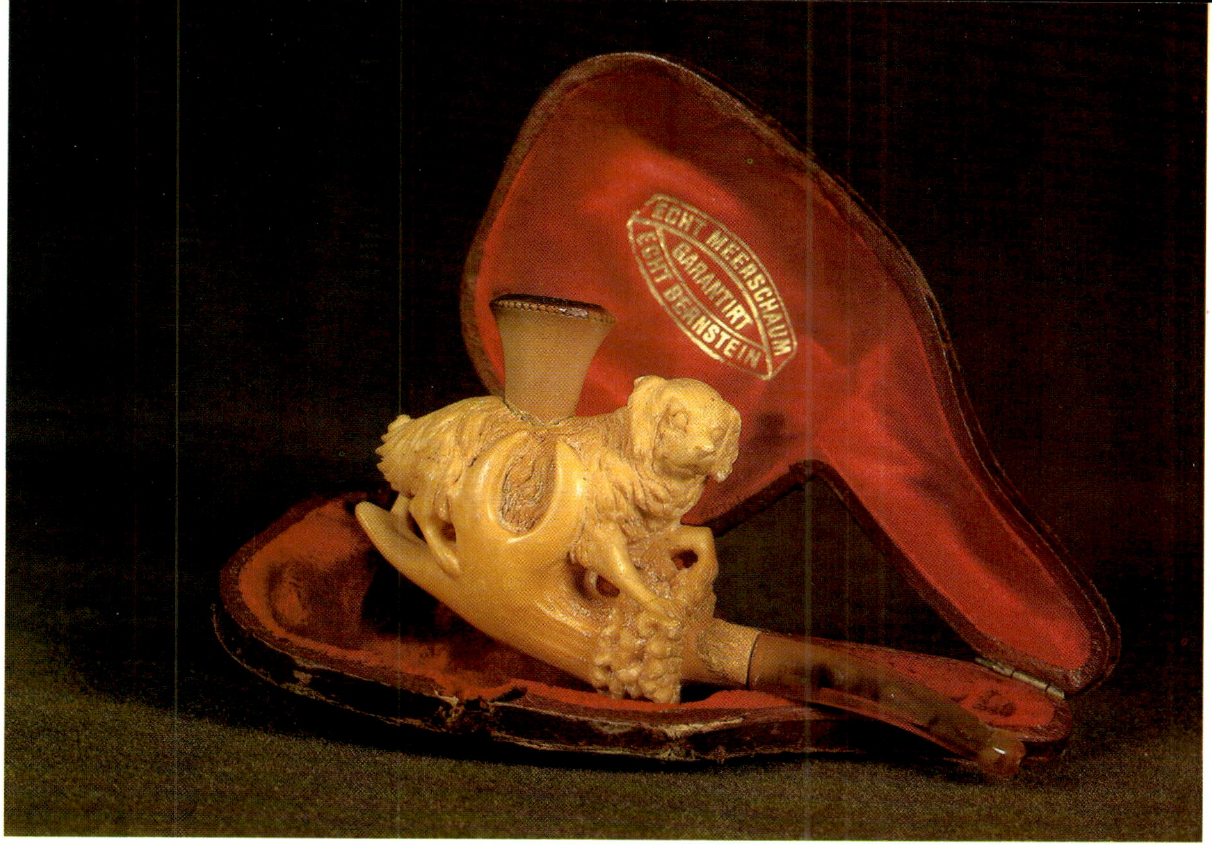
ECHT MEERSCHAUM
GARANTIRT
ECHT BERNSTEIN

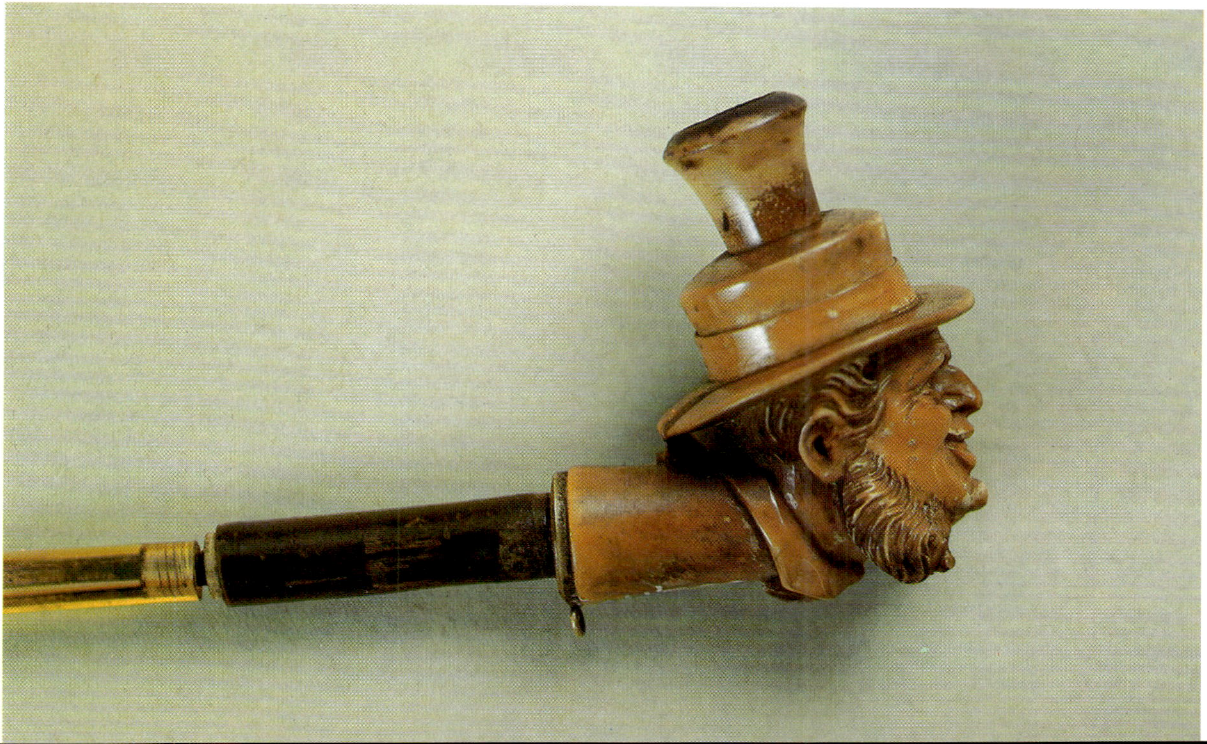

111, 112
Zigarren-
bauchbinden
aus den
Niederlanden.
Sammlung
Libert

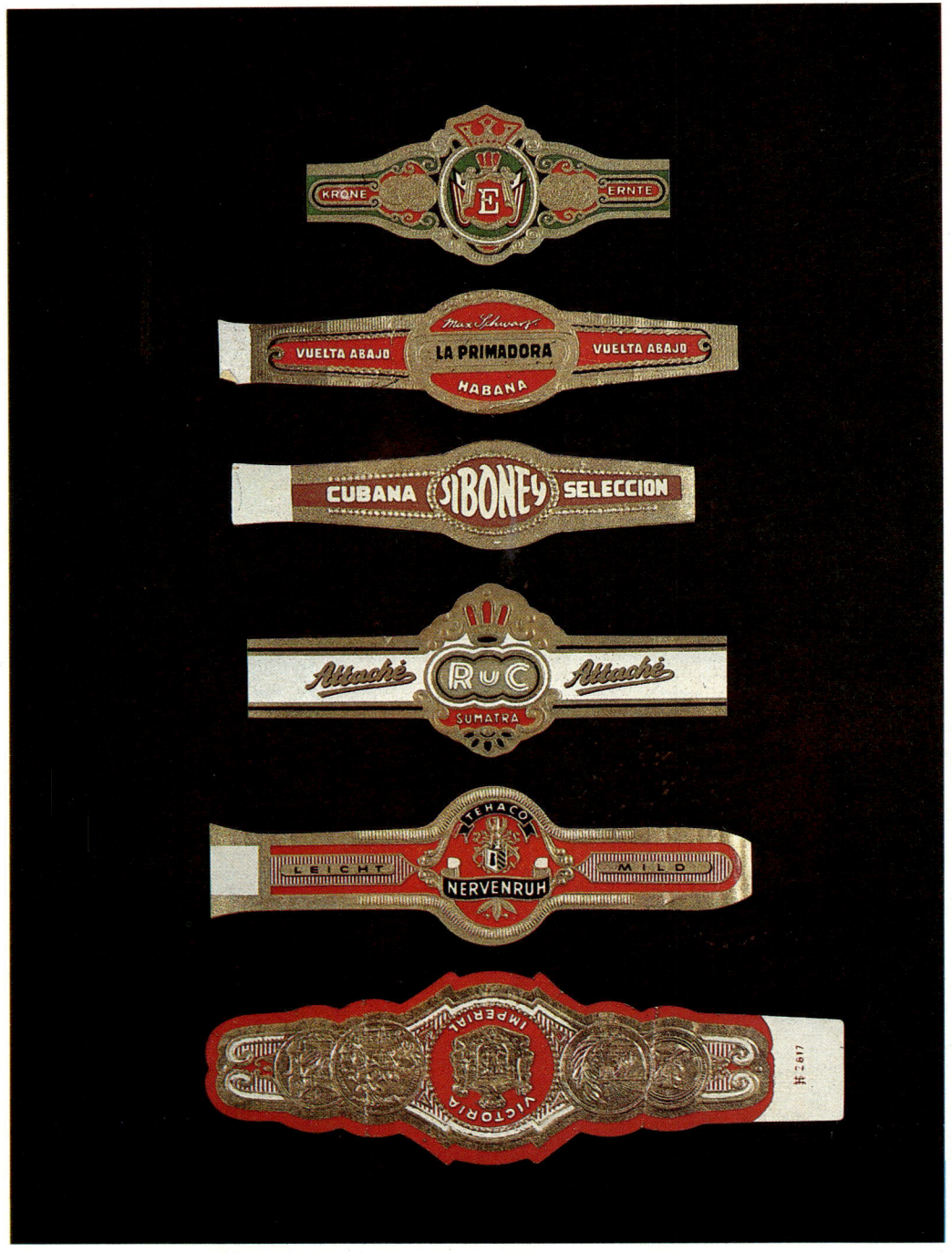

ZIGARETTEN

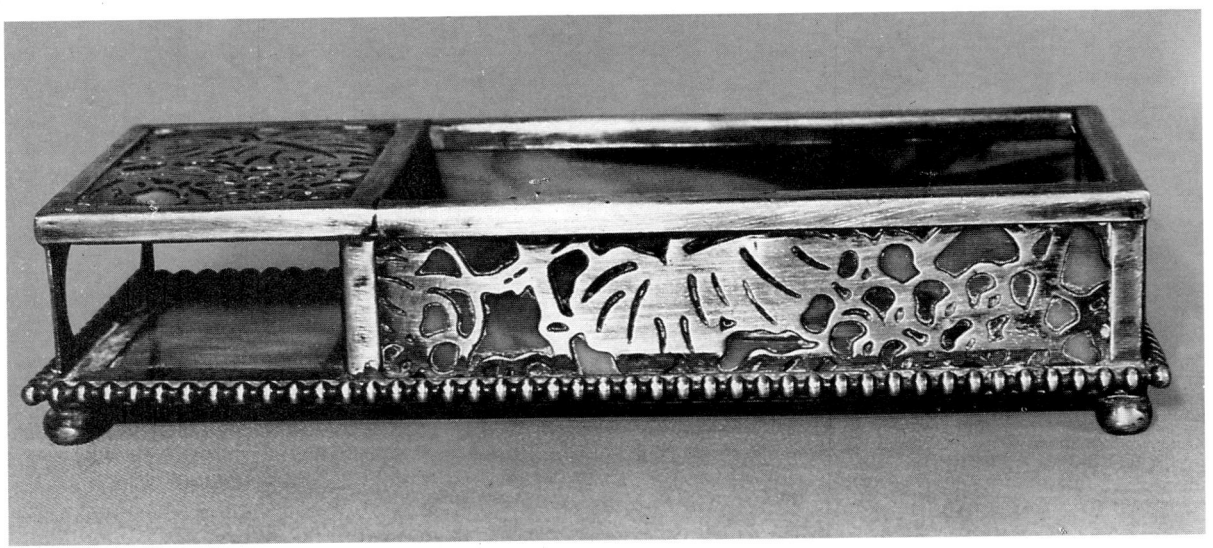

*113 Zigarettendose mit Streichholzbehälter,
Tiffany, New York. Durchbrucharbeit, Silber und Glas,
um 1860, L 14 cm. Frankfurt (Oder), Museum Viadrina*

*114 Alfons Maria Mucha (1860–1939), Werbeplakat
für Zigarettenpapier. Sechsfarbige Lithographie, 1898,
51,5×38,5 cm. Karl-Marx-Stadt, Städtische Textil- und
Kunstgewerbe-Sammlung*

Folgende Seiten:

*115 Kautabaktopf aus graublau glasiertem Steinzeug.
Firma Joseph Doms in Ratibor (Racibórz), Polen,
H 18 cm. Schwedt (Oder), Stadtmuseum*

*116 Pfeifenkopf aus Porzellan. Aufschrift:
Rauch-Club . . . 1886. Vermutlich Berliner Herkunft,
H 10,5 cm. Berlin, Märkisches Museum*

*117 Pfeifensammlung im Museum Waldenburg, Sachsen.
Die Sammlung aus der zweiten Hälfte des 19. Jh.
ist im ursprünglichen Zustand erhalten.*

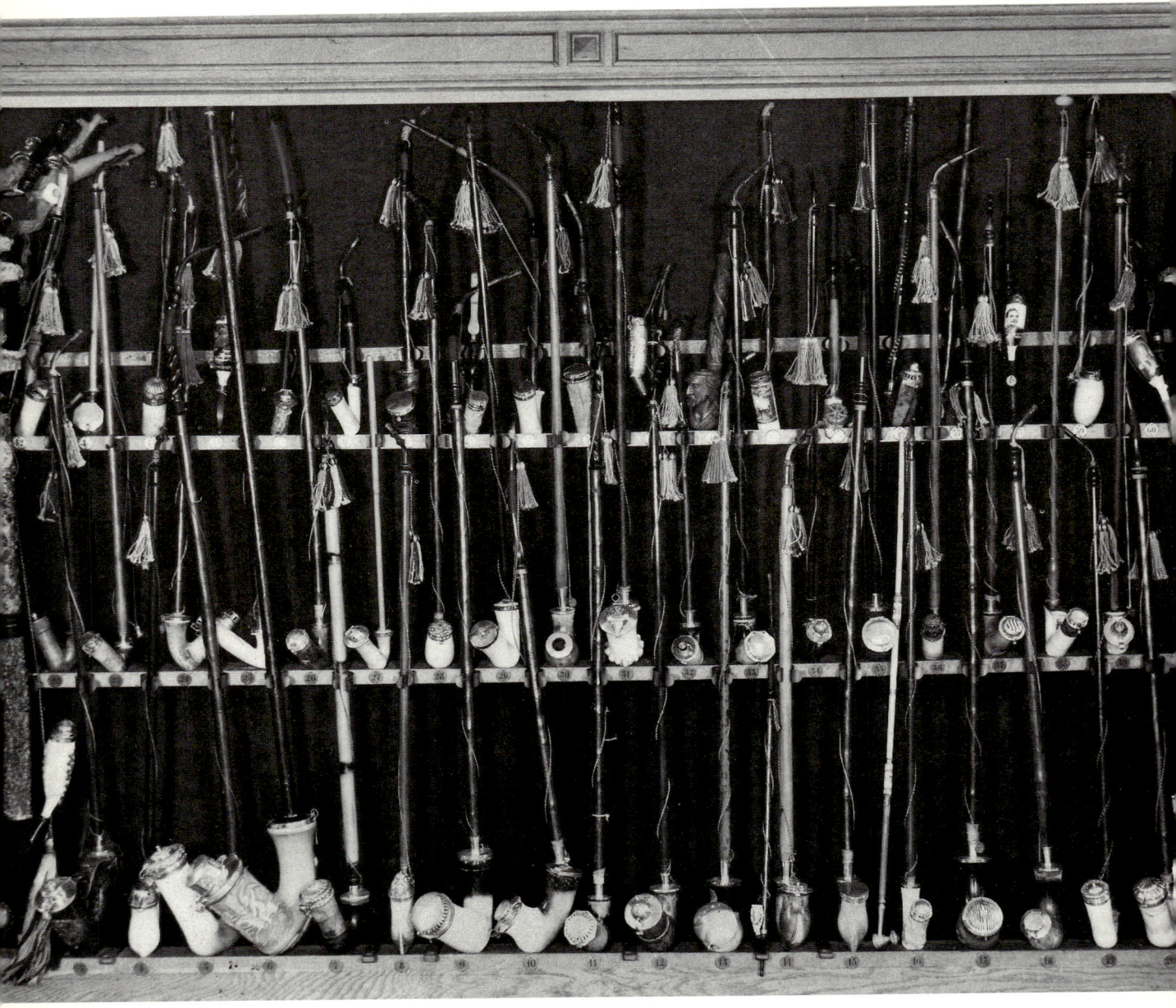

Der Gebrauch als Genußmittel blieb sekundär. Deshalb erhielten die Behältnisse kaum besondere künstlerische Ausgestaltung. Nur bei den Seeleuten schloß die Freizeitbeschäftigung des Schnitzens auch die Priemdose ein.

Größere Firmen vertrieben als Werbemittel charakteristische Kautabaktöpfe aus graublau glasiertem Steingut mit zwei Knaufhenkeln. Gründerzeitliche Töpfe dieser Art von der Nordhäuser Firma Hannewacker sowie von Joseph Doms aus Ratibor (Racibórz, Polen) zieren oft die Regale in historischen Gaststätten.

Kurt Tucholsky ließ in einem Gedicht vom Priem eine weitere Firma literaturfähig werden. Im Refrain heißt es:

»Den Kautabak – den Kautabak –
ein kleines Stückchen Kautabak
von der Firma Eckenbrecht
aus Kiel.«

War der Gebrauch des Kautabaks im allgemeinen in Europa auf bestimmte Berufsgruppen begrenzt, so fand der Priem in den USA größere Verbreitung. Charles Dickens, der 1842 die amerikanischen Nordstaaten bereiste, bezeichnete Washington als »Hauptsitz des Tabakspuckens«. Selbst in öffentlichen Gebäuden sei das Ausspeien des Tabaksaftes gang

118 Abschneiden des Priems. Detail eines Notgeldscheins. Nordhausen am Harz, 1920. Sammlung Libert

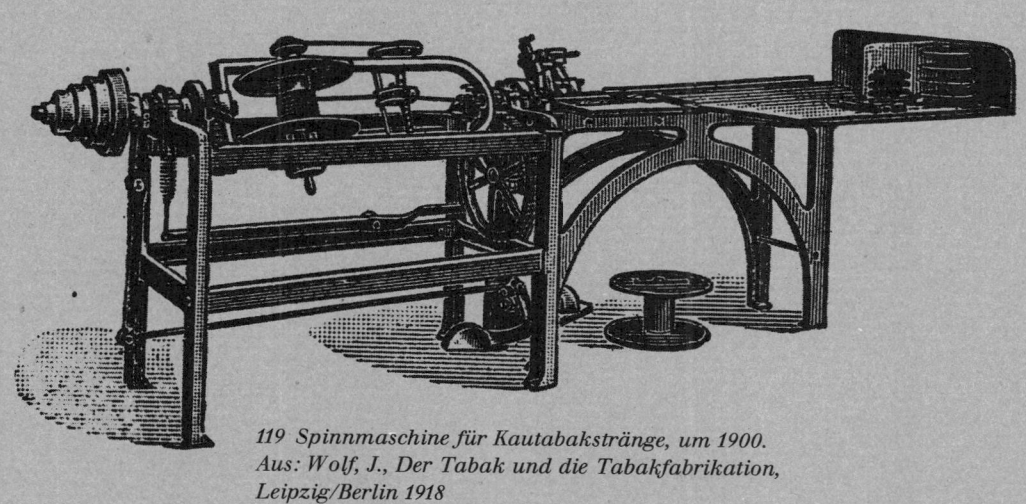

119 Spinnmaschine für Kautabakstränge, um 1900. Aus: Wolf, J., Der Tabak und die Tabakfabrikation, Leipzig/Berlin 1918

und gäbe, entrüstete sich der Romancier in seinen Reiseerinnerungen. Kautabak mit leichtem, fast bonbonartigem Geschmack gelangte in den letzten Jahren aus den USA nach Westeuropa und gewann zunehmend Anhänger. Tabakkauer können namhafte Persönlichkeiten als Liebhaber des Priems anführen, Lord Nelson dürfte der bekannteste sein.

Kuriositäten, Klubs, Rekorde

Bereits die bisher aufgezeigte Geschichte der Tabakgenußarten war reich an merkwürdigen Entwicklungen. Andere Sonderformen entstanden nur der Originalität wegen oder um durch Rekorde aufzufallen.

Als Sondergruppen können Rauchergerätschaften erfaßt werden, die mit anderen Gebrauchsgegenständen kombiniert sind. Die Schnupftabakdose des Reitergenerals von Ziethen im Krückstock ist sicher eine frühe Form dieser im 18. Jahrhundert aufkommenden Mehrzweckutensilien. Da der Spazierstock bis zum Beginn unseres Jahrhunderts Bestandteil der Straßenkleidung des Mannes blieb, waren Kombinationen mit weiterem Zubehör verbreitet. Für die Kulturgeschichte des Tabaks sind hierbei Pfeifenetuis, Zigarrenbehälter, Zigarettenstopfgeräte und Feuerzeuge im hohlen Stock erwähnenswert.

Tabakpfeife und Waffe als Kombination ist ebenfalls seit dem 18. Jahrhundert bekannt. Indianerhäuptlinge erhielten von französischen Händlern Kriegsbeile, deren durchbohrte Griffe gleichzeitig Mundstücke waren. Die Pfeifenköpfe schraubte man oberhalb der Schneide ein. Diese rein europäische Erfindung erfreute sich bei den Indianern großer Beliebtheit. Französische und englische Händler tauschten große Mengen ihrer – im Typ unterschiedlichen – »Tomahawkpfeifen« gegen Felle ein.

»Cool smoke« (kalter Rauch) nannte der amerikanische Erfinder seine Pfeifenpistole, die nur äußerlich einer Pfeife gleicht. Winant stellt in seinem Buch »Firearms curiosa« einen weiteren Typ dieser Waffe vor, die sogar zum Rauchen geeignet sein sollte.

Rekordhalter mit der größten bekannten Pfeife ist das Tabakmuseum Bünde in Westfalen mit einer fast 175 kg schweren Holzpfeife. 1937 stellten vier Zigarrenmacher aus Bünde in Erwiderung eines amerikanischen Rekordanspruchs eine Riesenzigarre von 1,65 m Länge her. 1981 mußte diese Riesenzigarre ihren Rang an eine in London versteigerte 3,8 m lange und 110 kg schwere Zigarre abtreten, die man in Las Palmas wickeln ließ. Zigarrenungetüme von fast 1 m Länge gehören in Andorra bei Volksfesten zu dem Festzug.

Ohne praktischen Wert ist die Zigarrenschaukel, die nach dem Deutschen Reichspatent Nr. 81413 durch Schaukelbewegungen ein gleichmäßiges Glimmen der abgelegten Zigarre ermöglicht. Als »unsinnigsten Apparat der Welt« bezeichnet die Eigenreklame einer Nürnberger Firma das von ihr produzierte »Hatschi-Schnupfgerät«, bei dem ein federnder Hebel die Prise dem Schnupfer in die Nase schleudert.

1865 begann die österreichische Tabakregie mit der Fertigung von Zigaretten. Zunächst stellte man »Doppelzigaretten« von dreifacher Länge her, die an jeder Seite ein Mundstück besaßen und vor dem Rauchen geteilt wurden.

Raucher, die einen kultivierten Tabakgenuß erstreben, gründeten in vielen Ländern Klubs, in denen gesellige Veranstaltungen, Vorträge und Wettbewerbe organisiert werden. Als in Deutschland von 1878 bis 1890 jede sozialdemokratische Betätigung verboten war, erlangten einige Pfeifenraucherklubs politische Bedeutung. In der legalen bürgerlichen Vereinsform konnten die Arbeiter ihre Organisationsbestrebungen fortsetzen. 1879 verbot die Polizei den Pfeifenraucherklub von Dittersdorf bei Zwickau wegen illegaler sozialdemokratischer Tätigkeit. In der Geschichte der Raucherklubs zeigen die Vereine in der Periode des Sozialistengesetzes eine bislang kaum beachtete Erscheinung, deren wissenschaftliche Untersuchung noch aussteht.

Die heute bestehenden Raucherklubs stellen in den Mittelpunkt ihrer Satzungen das Streben nach einem ästhetischen Tabakgenuß, wobei das Pfeifenrauchen als die vornehmste Rauchart gilt. In den Vereinen nehmen Gleichgesinnte an Tabakproben teil, tauschen sich mit anderen Klubs aus, führen Raucherwettbewerbe durch.

In den Satzungen des skandinavischen Nordisk Tobakskollegium fordert Paragraph 2 als Bedingung für die Mitglieder, daß sie »mit Besinnung« Tabak rauchen. Neben Rauchern sind hier Tabakwarenhändler, Pfeifenhersteller und Tabakimporteure vereint. Organisiert werden sogar Exkursionen zu Pfeifenherstellern. Seit 1978 gibt das Nordisk Tobakskollegium die Zeitschrift »Piber & Tobak« heraus.

In verschiedenen Großstädten bestehen eigene Klubs für weibliche Pfeifenraucher. Eine der jüngsten Gründungen dieser Art erfolgte in der polnischen Industriestadt Nowa Huta.

1928 erreichte bei einem Zigarrenwettrauchen des »Deutschen Raucherverbandes« eine 28jährige Frau den zweiten Platz. Als der gleiche Verband 1935 den Titel eines »Berliner Rauchmeisters« ausschrieb, bewarben sich Vertreter von 71 Klubs um den ersten Preis: 5 Pfund Tabak. Vorgeschrieben war die mit 4 g Tabak gefüllte kurze Shagpfeife, zum Anzünden nur ein Streichholz erlaubt. Die »Deutsche Allgemeine Zeitung« vom 22.2.1935 schildert in einem längeren Artikel den spannenden Kampf: ». . . Schon nach einer Minute gab ›Kornblume I‹, eine halbe Minute später ›Perle II‹ das Rennen auf. Ihren Deputierten war die Pfeife ausgegangen, und man durfte kein zweites Mal anzünden. Es ging darum: Wer kann's am längsten. Nach drei Viertelstunden standen noch 39 Teilnehmer ihren Mann – und wie. Gespannt beobachteten sie ihre Pfeife, bedächtig zogen sie . . . Nach der 51. Minute lagen noch 24 Raucher im Kampf. Jetzt war das Feld klar. Mit aller Konzentration rauchten sie, und die nächsten sechs Minuten schied auch nicht einer aus. Die letzten vier aber ließen nicht locker. 1 1/4 Stunde war schon verstrichen. Da, nach einer Stunde und 16 Minuten gab der spätere vierte Sieger auf. Eine Minute darauf der nächste, einer mußte ausscheiden, so daß nur noch einer übrig blieb. Nach einer Stunde und 36 1/2 Minuten stand er auf und sagte: ›Mensch, nu is jenuch.‹ Mit seinen 34 Jahren hat er den zum Teil über sechzigjährigen Wettbewerbern (einer war sogar 80!) viel voraus.«

1978 gewann in Tokio der 20jährige Japaner Suzuki mit 134 Minuten für 3 g Tabak die Weltmeisterschaft im Langsamrauchen. Wenige Monate später überbot in Montreux der Italiener Vivis Vecchi den Rekord um 25 Minuten. Gegen 322 Konkurrenten, davon 27 Frauen, gewann der Italiener die 6. Europameisterschaft im Dauerrauchen. Den letzten Platz erhielt der Schweizer Franz Zurwerra, der bereits beim Anzünden nach einem doppelten Streichholzbruch aufgeben mußte.

Weniger spektakulär verlaufen Wettbewerbe anderer Tabakfreunde. 1978 wurde Hutchington Sieger im Kampf um den ökonomischsten Zigarrenkonsum, er rauchte fast 90 Minuten.

Etwa 200 Schnupferklubs in der BRD befassen sich neben den Schnupferwettbewerben mit der Pflege süddeutschen Brauchtums.

Kautabakgenießer in den USA führen regelmäßig Wettkämpfe im Tabaksaft-Weitspucken durch. Viele örtliche Klubs von Pfeifenrauchern in den USA und Kanada sind in der International Association of Pipe Smokers Club (I.A.P.S.C.) mit Sitz in New York organisiert.

Ungarische Pfeifensammler haben in der Stadt Kaposvár einen Klub der Pfeifenliebhaber gegründet. Die bedeutendsten europäischen Klubs bestehen in Finnland: Püpunplottajat-Valtakunnalinen Piippukerhojen, Helsinki; Frankreich: Pipe-Club de France, Paris; Großbritannien: The Pipe Club of Great-Britain, London; Italien: Il Club della Pipa, Mailand; Skandinavien: Nordisk Tobakskollegium, Roskilde; Schweiz: Pipe Club de Suisse, Lausanne.

Sammler und Sammlungen

Die ersten bedeutenden Sammlungen wertvoller Tabatieren entstanden in den Kunstsammlungen feudaler Herrscher. Katharina II., die russische Zarin, besaß eine größere Kollektion, die heute zu den Schätzen der Ermitage in Leningrad gehört. Über den Verbleib der spärlichen Restsammlung des preußischen Königs Friedrich II. wurde bereits an anderer Stelle berichtet. Hin und wieder tauchen im Kunsthandel Tabatieren auf, die der König als Ehrengeschenk an Günstlinge und bevorzugte Militärs übergeben hatte. 1954 versteigerte das Auktionshaus Sotheby in London Kunstgegenstände im Auftrag des entmachteten ägyptischen Königs Faruk. Dabei waren zwei Dosen Friedrichs II., die für 115000 und 110000 DM ihre

Käufer fanden. 1982 erbrachte eine mit Perlmutt überzogene und mit Edelsteinen besetzte Tabatiere des Königs bei einer Auktion in Genf den Rekordpreis von 2 Millionen DM.

Tabakpfeifen erlangten nur in Ausnahmefällen die Bedeutung eines wertvollen Prestigegeschenks. Kaiser Napoleon Bonaparte verschenkte an siegreiche Generale mit Brillanten geschmückte Pfeifen. In Sammlungen gelangten Pfeifen, die mit der Tätigkeit berühmter Persönlichkeiten in Verbindung stehen. Im Memorialmuseum des Zaren Peter I. im Sommerhaus der Residenz Leningrad ist eine einst von diesem gerauchte schlichte Holzgesteckpfeife als Sachzeuge in die Ausstellung einbezogen. Ähnlich ist die Präsentation der Meerschaumpfeife des Husarengenerals Lassalle im Pariser Armeemuseum, mit der dieser seinen Truppen das Zeichen zum Angriff in der Schlacht bei Wagram (1809) wies.

Pfeifen aus Ton, Buchsbaum und Porzellan waren häufig nur als Einzelstücke bei den Rauchern in Gebrauch. Das lange Festhalten an den – häufig schon notdürftig geflickten – Pfeifen war nicht nur durch Sparsamkeit oder Sentimentalität bestimmt, sondern resultierte aus der bekannten Tatsache, daß eingerauchte Pfeifen angenehmer im Geschmack sind als neue.

Pfeifenraucher begannen vereinzelt im 18. Jahrhundert mit dem Sammeln verschiedener Pfeifen. Der König von Württemberg und der Herzog von Zweibrücken besaßen zu Beginn des 19. Jahrhunderts vielbeachtete Kollektionen. Zeitgenossen schätzten den Wert der Pfeifensammlung des Generals Vandamme auf 60000 Livre. Johanna Schopenhauer berichtete 1803 aus den Niederlanden, daß dort viele Bürger eigene Pfeifensammlungen hätten. Der Wiener Musiker Josef Lenner besaß in seiner exzellenten Sammlung als Prunkstück eine oboenförmige Pfeife.

Tabakfirmen legten ebenfalls Sammlungen von Rauchergerätschaften an, die als Werkmuseen oder im Bestand größerer Regionalmuseen der Öffentlichkeit zugänglich sind.

Alfred Dunhill trug eine bedeutende Sammlung zusammen, zu der die Gesteckpfeife des Admirals Sir Raleigh gehört. Exotische Pfeifen, Opiumpfeifen aus China und europäische Modelle kann der Besucher im Pfeifengeschäft von W.Ø.Larsen in Kopenhagen bewundern. Den Blickfang nimmt eine überdimensionale Meerschaumpfeife mit Motiven aus der Odyssee ein.

Viele Museen und Sammlungen verfügen über Bestände an Rauchergerätschaften, Werkzeugen der Pfeifen- und Zigarrenproduktion, an Musterbüchern und künstlerischen Darstellungen von Rauchern und Schnupfern. Die wichtigsten Tabakmuseen und Spezialsammlungen sind:

BELGIEN
Musée Communal de la Céramique, Andenne Namur, (Tonpfeifenproduktion)

BUNDESREPUBLIK DEUTSCHLAND
Deutsches Tabakmuseum, Bünde, Westfalen
Tabakhistorische Sammlung Reemtsma, Altonaer Museum, Hamburg
Focke-Museum, Bremen
Schnupftabakmuseum Grafenau

DEUTSCHE DEMOKRATISCHE REPUBLIK
Heimatmuseum und Naturalienkabinett, Waldenburg (Gesteckpfeifen)
Stadtmuseum, Schwedt (Oder) (Zigarrenproduktion)
Kreisheimatmuseum, Dermbach (Pfeifendrechslerwerkstatt)

FINNLAND
Luistorimäen Käsetyöläismuseo, Turku (historischer Tabakwarenladen)

FRANKREICH
Musée d'intérêt National du Tabac, Bergerac, Dordogne, Hôtel de Ville
Musée de Pipes, Saint-Claude

GROSSBRITANNIEN
House of Pipes, Bramster, Sussex
Victoria and Albert Museum, London (James Collection)
City Museum, Birmingham (Tonpfeifenherstellung)

NIEDERLANDE
Niemeyer Nederlands Tabacologisch Museum, Groningen
Pijpen- en Aerdewerkmuseum, Gouda (Tonpfeifenherstellung)
Pijpenkamer en Kaffee- en Theekabinett, Utrecht, (Werkmuseum der Firma Douwne Egberts)

ÖSTERREICH
Tabakmuseum, Wien (Werkmuseum der Austria Tabakwerke AG)
Benediktinerstift Kremsmünster (Tabatierensammlung)

POLEN
Museum, Chełm (ethnographische Pfeifensammlung)

SCHWEDEN
Tabakmuseet, Skansen, Stockholm

SCHWEIZ
Musée de la Pipe et des Objets du Tabac, Lausanne

USA
U.S.Tobaccos Museum, Greenwich, Connecticut
Metropolitan Museum of Art, New York (Tabatierensammlung)

Literatur

Bastien, A. P., La pipe, Paris 1973; deutsch: Von der Schönheit der Pfeife, München 1976

Conte Corti, E. C., Die trockene Trunkenheit. Ursprung, Kampf und Triumph des Rauchens, Leipzig 1930

Corbeillier, C. de, Alte Tabakdosen aus Europa und Amerika, München o. J.

Cudell, R., Das Buch vom Tabak, Köln 1927

Curtiss, M. M., The book of snuff and snuff boxes, London 1935

Davidoff, Z., Das Taschenbuch des Zigarrenrauchers, München 1982

Dirk, S., Die Cigarette, Leipzig 1924

Dunhill, A., The pipe book, London 1924; deutsch: Das Pfeifenbuch, München 1982

Dunhill, A., The gentle art of smoking, London 1954

Ehrenburg, I., 13 Pfeifen, Berlin 1930

Feinhals, J., Der Tabak in Kunst und Kultur, Köln 1926

Fresco-Corbu, R., European pipes, o. O. 1982

Goudsche Pijpen, Amsterdam 1942

Hartel, K., Das Taschenbuch vom Schnupftabak, München 1970

Hochrain, H., Das Taschenbuch des Pfeifenrauchers, München 1974

Hughes, G. B., English snuff boxes, London 1971

Iserlohner Tabaksdosen. Bilder einer Kriegszeit, Münster 1982

Lehmann, A. H. – Zeidler, P. G., Blauer Dunst macht Weltgeschichte, Berlin 1939

Maronde, C., Rund um den Tabak, Frankfurt (Main) 1976

Nekrasowa, M. A., Palechkaja miniatjura, Leningrad 1978

Prade, M. de, Tabacks-Historia, insonderheit vom Schnupftabak, Schneeberg 1747

Prittchett, R. F., Smokiana ethnographical, o. O. 1890

Schranka, E. M., Tabakanekdoten, Köln 1914

Sprengler, P. N., Die Tobackspfeifenfabrik, in: Handwerk und schöne Künste in Tabellen, Berlin 1772

Stengel, W., Tabatieren, Berlin 1950

Tabago, Hamburg 1960

Tabakfachbuch, Leipzig 1953

Tabaklexikon, Mainz 1967

Tomasek, I. M., Die Pfeifen-Industrie, Weimar 1878

Verdaguer, J., Das Pfeifenraucher-Brevier, München 1980

Wolf, J., Der Tabak und die Tabakfabrikation, Leipzig/Berlin 1918

Register

Die geradstehenden Zahlen verweisen auf den Text, die kursiven auf Abbildungen.

Bildnachweis

ADN-Zentralbild, Berlin 43
Altonaer Museum, Hamburg 6
Jörg Anders, Berlin (West) 9
Klaus Bergmann, Potsdam 7, 8, 10, 15, 19, 22–25, 36, 37, 41,
    44, 45, 56, 57, 60, 61, 63, 68, 70, 71, 72–75, 82, 87, 88, 92,
    93, 100, 106, 107, 109, 111, 112
Bundesdenkmalamt, Wien 12, 13
Titus Czerski, Bremen 48
Danske Pibe Frickert & Behrends, Hamburg 95–98
Walter Danz, Halle 26
Focke-Museum, Bremen 101
Joachim Fritz, Basdorf 5, 47, 115
Germanisches Nationalmuseum, Nürnberg 53
Bernd Giesa, Schwedt (Oder) 2, 27, 29, 46, 52, 69, 94, 102,
    103, 105, 108, 114, 118, 119
Thomas Helms, Schwerin 21, 30, 33, 39, 58, 62, 76–79, 89
Herbig-Haarhaus Lackmuseum, Köln 11
Jürgen Karpinski, Dresden 67
Karin Kiemer, Hamburg 17
Landesbildstelle Bremen 104
Märkisches Museum, Berlin/Lehmann 32, 35, 110, 116
U. H. Mayer, Düsseldorf 3
Museum für Ur- und Frühgeschichte Thüringens,
    Weimar 31
Museum Viadrina, Frankfurt (Oder)/Huth 113
Nationale Forschungs- und Gedenkstätten Weimar
    14, 18, 49
Oberösterreichisches Landesmuseum, Linz/Gangl 20
Joachim Petri, Leipzig 1, 28, 54, 55, 83
Carin Plessing, Leipzig 117
Gerhard Reinhold, Mölkau bei Leipzig 40
Rijksmuseum, Amsterdam 34
Savinelli, Mailand 99
Hans Scheidulin, Bremen 38, 65, 66
Christa Sembritzki, Leipzig 59, 81
Staatliche Kunsthalle, Karlsruhe 64
Karl Heinz Syring, Flensburg 86, 91
Victoria and Albert Museum, London 42
WAAP, Moskau 84
Karin Wieckhorst, Leipzig 90
Ulrich Windoffer, Mölkau 16
Erika Woldecke, Stralsund 4